I0830963

FREUD Y LACAN

—hablados—

3

DUELO Y MELANCOLÍA

MIGUEL OSCAR MENASSA

EDITORIAL GRUPO CERO
COLECCIÓN: EXTENSIÓN UNIVERSITARIA

© Editorial Grupo Cero
© Miguel Oscar Menassa
Depósito Legal: M-10963-2013
Impreso en Pinares Impresores, S.L.
C/ Buen Gobenador, 24
28027 Madrid

Impreso en España

ÍNDICE

CONCLUSIONES DEL 88

I 11
II 27

PRIMERAS APROXIMACIONES

III 45
IV 53

PONENCIA INAUGURAL
VI CONGRESO INTERNACIONAL GRUPO CERO
LA DEPRESIÓN UNA ENFERMEDAD SIN ROSTRO 1998

V DIFERENCIA ENTRE SALUD Y ENFERMEDAD
UN EJEMPLO: DUELO Y MELANCOLÍA 63

DUELO Y MELANCOLÍA

Texto establecido por:
AMELIA DÍEZ CUESTA
Psicoanalista
Escuela de Psicoanálisis y Poesía Grupo Cero

CONCLUSIONES DEL 88

I

Hoy nos toca hablar de Duelo y Melancolía. Habrá que decir que hablar de melancolía, siempre es hablar de uno, porque el que más o el que menos, ha perdido un objeto amoroso en su vida, o un ideal o un sueño, o ha tenido que cambiar de ciudad, de país, de familia… En todas estas situaciones se corre el peligro de producir una melancolía; es verdad que hay que hacerse una pregunta con respecto al objeto perdido en tanto hay un tango que expresa muy bien la melancolía y que no habla del objeto perdido, sino que dice: "tengo los brazos caídos, quebrada la voluntad, arrumbado sin dar un paso, quiero morirme yo, ¿por qué?, porque me has mentido", es decir, que el estado de lo melancólico puede desencadenarse, no sólo frente a la pérdida del objeto, sino también frente a la no coincidencia de lo que quiero del objeto; es decir, que cuando estoy en desacuerdo con el objeto amoroso, se puede producir la melancolía, sin necesidad de perderlo. Cada vez que estoy en desacuerdo con el objeto amoroso puedo producir una melancolía.

Freud trata de explicarnos en este texto que esta enfermedad, la melancolía, que es una enfermedad dolorosa, donde prácticamente se pierde todo contacto con la realidad, es semejante por su forma de producirse a un estado que se podría llamar normal, no patológico, semejante a la melancolía, que es el duelo, es decir, la diferencia, dice Freud, es que el duelo se produce por la pérdida real de un objeto amoroso. por ejemplo, la muerte, la separación, es decir, que en el duelo lo que pierdo es eso. Se murió mi papá: la realidad exterior ha perdido interés para mí. Sólo me interesa de la realidad exterior aquellas cosas que me recuerdan a mi padre; y Freud dice: "esto parece una enfermedad, pero no lo es porque es temporal", es decir, en el sujeto en duelo suele ganar la realidad, que le dice: en la realidad no está más el objeto amoroso, te tienes que buscar otro; termina ganando la realidad, que demanda que la libido abandone todas sus ligaduras con lo perdido. Contra esta demanda surge una oposición en el sujeto, pues sabemos que el hombre no abandona gustoso ninguna de las posiciones de su libido, aun cuando les haya encontrado ya una sustitución.

Freud dice, podría ser una enfermedad, pero no lo es. Podría serlo porque si se prolonga indefinidamente, el sujeto está desinteresado por la realidad exterior, como conozco que les pasa a ustedes, eso que se prolonga no uno o dos meses alrededor de la cuesta de enero, sino que se prolonga hasta agosto; podemos pensar que se ha producido una enfermedad con el sentimiento normal de duelo. El 8 de abril viajo a Buenos Aires, no se pongan tristes que es para no volver, para no volver a Buenos Aires. Ustedes pensaron en algún momento que por la construcción que había hecho en la frase era para no volver a España.

Este sentimiento normal de duelo, dice Freud, es muy interesante, porque no produce pérdida del yo del sujeto; es decir, que murió mi papá, yo al otro día estaba triste, no tenía interés por la realidad exterior, pero no había dejado de ser inteligente, ni bello, ni alto, ni arrogante.

He aquí lo interesante, el sujeto pierde algo de su yo ¿por qué? porque el sujeto siente que no puede amar a nadie. Si estoy en duelo pienso que no hay nada para amar, si estoy en duelo normal, pienso, después de la muerte de mi padre, no hay nada en la realidad que pueda ser amado por mí. En la melancolía es: no puedo amar; hay una pérdida del yo: no puedo trabajar. En el duelo no es no puedo trabajar, es no hay ningún trabajo en la realidad que me llame la atención tanto como la persona amada, por lo tanto, no es que no pueda trabajar, no quiero, no me interesa trabajar; no es que esté enfermo, impotente, sino que la realidad ha perdido para mí su interés. En cambio en la melancolía, hay un autorreproche, soy indigno, fantasías de ruina, de empobrecimiento, de miseria del yo; es decir, a esto Freud le llama autorreproche, es decir, el yo se reprocha a sí mismo, sin necesidad de la policía.

Evidentemente ustedes sabrán, que en la Filosofía la tristeza no está considerada una pasión del alma, no es un sentimiento opuesto a la alegría, el sentimiento opuesto a la alegría, en filosofía, es el goce, es decir que la alegría es lo opuesto al goce; la tristeza en cambio no tiene opuestos en filosofía, es un sentimiento en apariencia único, no está considerado por la filosofía como una pasión del alma. Tenemos que discriminar entonces, el duelo de la melancolía y, el duelo y la melancolía, de la tristeza. Dijimos en clases anteriores que había momentos fundantes en la constitución del sujeto psíquico o biológico, que tenían que ver con dos faltas, con dos carencias, una es la carencia que significa que yo como sujeto ingrese al mundo de la cultura, al mundo de lo Otro por excelencia, al mundo del lenguaje, y allí en ese mundo existe primero el lenguaje que yo. Entonces a mí me falta eso que siempre me antecede, a mí me falta eso que me marca como sujeto; es decir, voy a carecer porque cada vez que hable, el lenguaje, la palabra, me anticipará como sujeto; es decir, que yo como tal iré siempre detrás de la palabra; el yo está siempre detrás de lo que dice, además sabes que ahí hay una falta porque lo que yo hablo se pierde en el decir por lo que ustedes escuchan, por tanto ustedes se darán cuenta que cuando yo hablo no soy dueño de lo que digo, porque los dueños de lo que digo serán ustedes, si son capaces de escucharme, y si son capaces de escucharme se alterará lo que digo cuando ustedes lo escuchen; entonces al ingresar en el mundo del lenguaje tengo una falta.

Habíamos dicho que había una falta más primordial, que había la falta por ser, ser viviente sexuado. Había perdido la inmortalidad, por reproducirme como especie humana por sexualidad, por macho y por hembra, había perdido la gracia de ser inmortal, es decir que con el acontecimiento significante de la reproducción sexual el hombre pierde la gracia de la inmortalidad y esto es otra carencia.

Habíamos dicho además que en la psicosis (y la melancolía se trata de eso, de una psicosis) habrá una forclusión, con rechazo de aquello que me diferencia de la cosa, y que en la neurosis habrá represión de la diferencia sexual, es decir, que el neurótico se pregunta por su sexo, el neurótico se pregunta: "¿soy hombre o soy mujer?", como en el caso del histérico; "ni soy hombre ni soy mujer", como en el caso del neurótico obsesivo. El psicótico se pregunta directamente: "¿soy un hombre o una cosa?" Es decir: soy un hombre mortal o soy una cosa inmortal. En el melancólico no ocurre nada de eso, y sin embargo igual se dice que es una psicosis, tal es así que se dice que es una psicosis, a pesar de que últimamente se la está tratando de colocar en otro rango, es una psicosis en tanto el sujeto puede llegar a agredirse de tal manera que a veces consigue suicidarse, es decir, que hay una alteración tal de las relaciones psíquicas del sujeto, que puede en el castigo, en el autorreproche, llegar a matarse; ahora bien, ¿cómo es posible, dice Freud, que el yo maltrate al yo? entonces Freud dice, no hay tal suicidio, porque no es posible, hay asesinato, el yo es tomado por el yo como un objeto.

El yo es tomado por el yo como un objeto, entonces se suicida, es decir, que en realidad no hay tal suicidio, hay un asesinato. Pichón Riviére en el año 64, en el mismo año que existía sólo en Nueva York un servicio de urgencias psiquiátricas, es decir, urgencias para el suicidio, teléfono nocturno, Pichón Riviére, aconsejaba para disminuir la tasa de suicidio, preguntarles a los que llamaban que si se querían suicidar, o a quién querían matar, directamente. Esta pregunta, claramente lo llevaba al sujeto a preguntarse si ese autorreproche era para su propio yo, o si ese autorreproche coincidía con la persona que supuestamente a ellos les había abandonado, digo supuestamente porque el melancólico aunque sepa a quién perdió, no sabe lo que perdió, y naturalmente no sabe ni siquiera a quién perdió, pero si llegara a saber a quién perdió, lo que no sabe, lo que permanece inconsciente en él, inversamente a lo que le ocurre en el duelo, es qué cosa ha perdido el sujeto que le ha producido esa enfermedad.

El duelo tiene que ver con una pérdida real, objeto o ideal, pero real. La melancolía tenía que ver con un objeto inconsciente que se perdía, del orden de lo sexual y la tristeza, a mi entender, tiene que ver con un borde que está puesto exactamente al lado de la pregunta del psicótico, pero nada más, que este sentimiento de tristeza es aquel que dice: soy mortal, y en lugar de entrar en el duelo, en la melancolía, en la tontería, en la estupidez, en el culo, en el dolor de espaldas, entra en la creación; soy mortal, después de esa frase viene la tristeza, pero la tristeza no es ni el duelo, ni la melancolía, ni ningún tipo de enfermedad, es la comprensión del sujeto humano que se sabe un perfecto animal, una perfecta bestia, que tiene que reproducirse por sexuación, masculino y femenino y que eso no corresponde a ningún tipo de ser humano sino que corresponde a un tipo de ser universal, de especie, es decir, nos amamos para aparearnos, nos amamos para reproducirnos, como los caballos, las vacas.

La verdadera libertad sexual, hago paréntesis, no es que me acueste con varias personas, o que cambie de sexo, o que me corte una oreja, eso no es libertad sexual; libertad sexual en realidad en este siglo, fue para la mujer para la única que hubo libertad sexual, quiere decir, follar si ustedes quieren; aunque también podría ser tocar la guitarra, sin que esto tenga que ver con la reproducción. Evidentemente en este siglo se ha liberado a la mujer un tanto, un poco, algo de su sexualidad, en el sentido de que las técnicas modernas le permiten a la mujer tener una distancia de lo que en ella era toda su sexualidad, que era reproducirse en el ser familia.

Plantea el problema de las identificaciones, habíamos dicho que en la melancolía el castigo al propio yo, plantea a Freud el problema de la identificación. En el texto Freud se da cuenta que el autorreproche de la señora que cuando llega el marido le dice: "soy una inútil, querido, soy una inútil", Freud dice, le está diciendo al marido que es un impotente. Autorreproche, pero no a ella, sino a algo que en ella hay del otro, autorreproche, pero no a algo, sino a algo que hay en el yo que es del objeto. Entonces esta noche cuando lleguen a sus casas y la pareja les diga que tonto soy, ustedes inmediatamente saben, les están diciendo que son unos tontos. Cuando llegamos a la consulta y viene el paciente y dice: soy un hijo de puta, enseguida el psicoanalista tiene que pensar que el hijo de puta es el psicoanalista y que el paciente se lo está diciendo de esa manera tan peculiar, que mediante el proceso de identificación, que en la transferencia es el proceso por excelencia, que sin llegar a ser patológico, es sobre la identificación que se van vertiendo ciertos aspectos transferenciales. Todo, todo lo que diga: soy un degenerado… piensa que uno es un degenerado, que está pervirtiendo el sentido. No sólo en la consulta, también en la clase, cuando uno da clase, vienen los alumnos: no estudié nada y no puedo comprender, están hablando de que el profesor informa de mala manera, que no les gusta el profesor.

Freud se hace una pregunta muy interesante, por ejemplo: uno puede llegar a pensar que es una proyección, pero Freud dice, uno tiene cierta decencia social. A pesar de haberse dado cuenta de que es una porquería, no puede andar diciendo en todos los lados: soy una porquería. Tengo un caso que me contó el director de clínica: el director de una clínica llama a la clínica y lo recibe el terapeuta joven de guardia y le dice al director: "sí, estoy aquí haciendo mis cosas". Entonces el director de clínica viene y se pregunta: pero "¡qué barbaridad!, me dijo directamente que estaba en falta, yo soy el jefe, me dijo a mí que estaba haciendo mal, cuando era por teléfono y me podía haber engañado, ¿por qué no me engañó? Se puede tomar una medida disciplinaria". Hoy estamos viendo que eso es melancolía, el sujeto ese dice: "yo aquí estoy trabajando y no como ustedes los jefes que sólo vienen aquí a hacer sus cosas". Esto es todo lo que está diciendo, porque uno no le puede decir a la gente a la cara: soy impotente. En todo caso que lo descubran, que lo lleven a una situación íntima y entonces en la intimidad le digo. Bueno, llegarás hasta aquí, pero ahora no puedo pronunciar la palabra.

Si ando haciendo vanagloria de los defectos, Freud dice: vamos a investigar, a ver qué características tiene este autorreproche. Freud en la investigación se da cuenta que los autorreproches más fuertes no coinciden con el sujeto, es decir, que los autorreproches, por ejemplo, el tipo dice: no he podido psicoanalizar a mi mamá, no se da cuenta que no es que él tenga que psicoanalizar a la mamá, que el que no sabe psicoanalizar es otro.

Viene una chica y dice: "hoy no tuve erección Dr.", se ve impotente. ¿Se dan cuenta? esa mujer no está hablando de ella. Viene un chico y dice: "todavía no me vino la menstruación"; uno se da cuenta. Pongo los ejemplos más groseros para que ustedes se den cuenta. Es un proceso en donde Freud se daba cuenta de que el autorreproche era para algo, pero no era para las características del sujeto. Por ejemplo, en el caso de: "no he podido psicoanalizar a mi mamá", coincidían con las características del psicoanalista, es decir, coincidían con las características de la persona que me abandonó, que los autorreproches es, en realidad, el modo en que yo descargaba mi sadismo por no haber tolerado ser abandonado. Es decir, que cuando el objeto me abandona pierdo una parte de mi yo y produzco una identificación con el objeto perdido, ahora el objeto perdido en mí, yo lo maltrato hasta desintegrarlo. Vaya a saber si el cáncer no tiene que ver con una especie de melancolía, en el sentido de que toda una parte de mi yo la desintegro, pero no al yo, sino a lo que en él está del otro, es decir, a lo que en mi yo está perdido por medio de la identificación con el objeto perdido. Por ejemplo, no todos los objetos perdidos ni todos los objetos mentirosos, ni todos los familiares que se mueren producen melancolía, es decir, uno se puede preguntar por qué esta mujer a los cuarenta años si se le murió el papá a los veinte, el hermanito a los diecisiete, el novio que tenía se fue a la guerra y no volvió… ¿por qué a los cuarenta años cuando perdió un escapulario? ¿Por qué frente a la pérdida de un objeto mínimo hizo la melancolía y frente a grandes pérdidas, en la realidad, no?

Entonces podríamos decir que el objeto perdido que me sumerge en la melancolía, es aquel que al desprenderse de mí, me saca de la posición en donde yo lo completaba al objeto, de tal manera que era lo que a él le faltaba, es decir, si yo puedo decir que yo soy la falta del otro, entonces si el otro me abandona ahora yo caigo en la melancolía. Ejemplo: se puede decir que Menassa padece un estado melancólico crónico desde que se fue de su país, en tanto él tenía fantasías en su juventud de ser lo que le faltaba a su país para ser un gran país, evidentemente él al irse de su país perdió definitivamente la posibilidad ésa. Jamás podrá en un país extranjero ser lo que le faltaba a ese país para ser grandioso, por lo tanto ha habido una verdadera pérdida definitiva.

Pierdo a mi madre, pero en el lugar de un objeto, no en el lugar donde mi madre me somete a las pulsiones sociales y me larga al mundo, sino aquella madre donde yo era su falta, es decir, donde yo la completaba, en la relación narcisística.

Freud dice, entonces, que entra en juego una pulsión oral en la melancolía, en tanto es una especie de regresión a una fase de absorción, es decir, donde los objetos el niño los aprehende por su boca, es decir, que es una regresión a las fases más primitivas del desarrollo humano. Cuando el niño con su boca captura la realidad, la única realidad que le interesa, el pecho materno, el chico captura el mundo con su boca, pero el mundo es el pecho materno, entonces hay una regresión a ese estado. Pero Freud dice: también hay otra realidad en la melancolía ¿por qué el empobrecimiento? la sensación de empobrecimiento. Dice Freud: hay que hacerle responsable al culo, no a la boca; es decir, que sin necesidad de ser melancólico, si andan por la vida arruinados y pobres, piensen un poco en su culo según consejo de Freud, en el sentido de que algo tendrá que ver el mecanismo anal y la pulsión anal en esa fantasía de ruina y empobrecimiento que tienen penosamente todos ustedes, salvo que la materia fecal es un equivalente simbólico del pene y del dinero.

Equivalente simbólico quiere decir que lo puede representar, que todo tiene que ver con la personalidad. Cagar en pedacitos chiquititos tiene que ver con la personalidad, cagar grande también tiene que ver con la personalidad, es decir, nada es biológico en el hombre, en el hombre las cosas son humanas y humanas quiere decir que ya ha participado del lenguaje por lo tanto no hay fisiología, no hay biología normal en el hombre, todo en el hombre es anormal si lo miras desde la biología. La menstruación tiene que venir una vez cada mes, en algunos pueblos viene una vez cada seis meses, una vez cada tres. Hay mujeres que la tienen cada 24 días, otras cada tres meses y encima no es necesario que ovule para que se produzca la menstruación. En la respiración, ustedes saben que las respiraciones normales son 60 por minuto, pero se pueden tener, 40, 50, 12. Los atletas tienen menos, los viejos tienen un poco más, no hay nada fisiológico, nada verdaderamente biológico en el hombre. Hasta la muerte se produce por una cuestión del deseo. A las tribus primitivas, tanto sabían esto, que lo que le quitaban al que querían matar era la palabra "nosotros", eso era la muerte. El castigo a la muerte no era matarlos como hacemos nosotros que somos unos bárbaros, no le dejaban pronunciar la palabra nosotros y eso era su muerte.

Dejo todo el problema de las identificaciones para hablar la próxima vez, porque vamos a tener que ver cómo se identifica la histeria, cómo se identifica el neurótico obsesivo y cómo se identifica el melancólico. Prefiero hoy seguir hablando de la tristeza, que por la cara con que me miran parece que jamás experimentaron el sentimiento de tristeza. Esta semana hacen ejercicios, se paran delante del espejo y dicen: soy mortal porque soy sexuado y además no tengo cómo representar en mi mente lo que es ser macho o ser hembra. La representación más aproximada a ser machos o hembras es ser pasivo o ser activo que no corresponden realmente a ser una mujer y ser un hombre, es algo de la especie ser machos y hembras, después se puede ser humano, que en realidad para ser humano hay que tener 4 sexos: padre, madre, hombre y mujer. Un animal no sabe que es padre aunque lo sea y aunque cumpla muy bien su función y un hombre también puede morirse siendo padre sin saber que lo fue, a menos que para él sea eso significante.

Sin hablar, sin poder expresar las acciones, no existen las acciones para el hombre, por eso en los grandes amores ocultos siempre alguno de los dos amantes rompe el silencio, porque romper el silencio y armar el gran escándalo donde todo el mundo se entera de que fueron amantes es la única forma de hacer existir el romance, porque si los dos amantes se callan definitivamente la voz, ese amor no existe. No hay amantes secretos, hay muertes secretas donde al otro lo voy envolviendo en un silencio que como hace que el amor no exista lo termina matando.

Está claro que el tratamiento psicoanalítico de la melancolía, tendrá que ver claramente, necesariamente, con la transferencia. Yo me encontré con dos clases más de la melancolía, del 83, hay dos o tres cosas muy interesantes, en el sentido de que se plantea muy bien lo de la tristeza y me sorprendió que ya en la antigüedad se asociara la melancolía a la epilepsia, y que además nos imaginamos que por ese sesgo, donde la melancolía estaba asociada a la epilepsia, pensamos que hoy se asocia la hipocondría a la melancolía, es decir, hay por ejemplo una melancolía, yo tengo varias melancolías porque es importante vivir con varias melancolías; yo tengo ahora la melancolía de la edad, tengo que estar en una etapa melancólica.

Está así escrito en el registro civil, que cuando cumples 50 años más o menos, entras en la melancolía del órgano, que espero que no sea el órgano central. Entras en una especie de depresión, te dicen en el colegio secundario. En la mujer creo que la edad de la menopausia es una barbaridad. Lo que pasa es que la menopausia también viene porque la mujer demanda que llegue la menopausia; porque es difícil que una mujer acepte bien el asunto de la menstruación, pero cuando la mujer está más psicoanalizada y a los Estados no les interese que se tengan más hijos o se tengan en cualquier momento hijos, no creo necesario que la mujer tenga la menopausia a los 45 o 50 años, ni tampoco creo en la etapa gris del hombre, poder gris que le llaman, porque el poder gris es que no tiene erección, porque los sociólogos trabajan con contraste, entonces le llaman poder gris; entonces esta melancolía del órgano evidentemente se ve y resulta bastante irreductible a la curación en hipocondríacos, es decir, personas que en su juventud fueron hipocondríacas, en este momento de la vida, tienen la enfermedad en un órgano, no como enfermedad psicosomática, sino como verdadero proceso melancólico, es decir, que junto con la enfermedad del órgano, el desinterés por la realidad, el autorreproche, el empobrecimiento, que generalmente, dice Freud, no coinciden con la realidad. No es que el tipo se vea arruinado y esté arruinado, eso cualquiera lo puede sentir, sino que lo que él siente y dice de sí mismo no tiene mucho que ver con la realidad, sino que sólo tiene que ver con la realidad en que realmente es una persona que no sabe amar, que es mezquina, entonces Freud llega a preguntar, por qué será que tuvo que enfermarse para darse cuenta que era mezquino, ¿no pudo reconocerlo sin enfermarse?

Para que no les pase esto a ustedes, es mejor que se acuesten en el diván y asocien libremente acerca de todas esas fantasías sádicas, dice Freud que caen con todo su poder sobre el mismo orden, sobre el mismo sujeto, creyendo encima que lo que se está castigando es el objeto amoroso perdido.

La melancolía exigirá al tratamiento psicoanalítico que nadie se meta con la vida del paciente, es decir, que si en las otras enfermedades se aconseja que todo el tratamiento sea realizado en el nivel de la transferencia, y que los psicoanalistas no se metan con la vida del paciente, aquí en la melancolía es una prescripción. No hay que meterse con la vida del paciente, meterse con la vida del paciente puede ser catastrófico, es decir, puede desencadenar en el paciente el suicidio, o bien el asesinato; yo en lugar de decirle que es a mí a quien quiere matar, le digo que es a la madre a la que se lo quiere hacer, puedo provocar no sólo el suicidio sino también el asesinato.

Hay una melancolía altruista. Yo un día vengo triste y pienso que no tengo futuro, entonces pongo una bomba aquí para que se mueran todos, para que no sufran por la falta de futuro, eso se llama suicidio altruista. Existe, me echaron del trabajo, entonces voy a mi casa y mato a mis dos hijos varones para que no sufran porque papá no tiene dinero, eso se llama suicidio altruista.

Yo quiero que ustedes piensen en las formas intermedias, yo quiero que ustedes tengan inconsciente, no hace falta matar a nadie para ser un hijo de puta, basta con ponerle el pie; ustedes tienen que, a los grandes límites a los cuales yo llego, reducirlos a sus propios límites, no hace falta caer en la melancolía para darse cuenta que me identifico con lo que se me va; por ejemplo, la señorita que viene seguramente de un país extranjero. ¿Qué es lo que le impide sustituir?, ¿qué es lo que me impide sustituir a mí, sustituir estas calles por aquellas calles?, que mi yo está invadido, no lo tengo libre para andar por las nuevas calles, lo tengo ocupado por aquellas calles, es decir, tengo algo perdido en mantener aquella terraza, aquel patio, ese color del cielo; aquí yo no puedo ver este color del cielo. Sin llegar a ser melancolía, tiene el mecanismo de la melancolía. Sin llegar a las fronteras del empobrecimiento y ruina, cierta mezquindad con los amigos, con los amantes: "te pago el café o no te pago el café", tiene que ver con eso y no hace falta que uno sienta que va a perder millones para ser melancólico, con sentir que va a perder las 65 ptas. que vale el café ya es suficiente para pensar que tiene un gasto ahí, que cuando tenga una pérdida fuerte, por ahí, se le va a ir su yo. Escamotearle el dinero a la secretaría de la Escuela es lo mismo, tiene que ver con la tontería de ser robado, ver ruina, empobrecimiento, que la Escuela les roba. Entonces ustedes hacen como una vuelta y pagan después o pagan antes.

El estado de depresión melancólica es muy habitual, porque todo momento de completud, en tanto no persiste, trae consigo una depresión. Hasta yo tengo la ilusión de ser lo que al otro le falta. Hay chicas que cuando tienen orgasmo lloran, pegan y patalean, pero no porque no les guste tener orgasmo, porque después va a tener una depresión. El tiempo del inconsciente, es el instante, se abre, se cierra, por lo tanto se goza, se muere, se ilusiona de completud. Lacan llega a decir: paso de ser la falta del otro a faltarle, de ahí viene todo el sentimiento de ambivalencia. Paso de ser la falta del otro a sentir que le falto, pero a sentir que le falto en un sentido moral, de cometer como un pecado, una injuria… Está de moda la depresión, porque tiene algo de egoísta, tiene algo de individualidad burguesa. Por ejemplo, si yo te digo: "Ay, estoy deprimido por los muertos de Afganistán, tengo una depresión por lo que pasa en Colombia…". La depresión ¿por qué?, porque cuando te deprimes la realidad pierde importancia, ve qué perfecto burgués, cuando te deprimes la realidad pierde interés; no tengo más el interés por las personas, ni las cosas, ni el lenguaje que está en la realidad, me quedo jugando con mi propio yo al autorreproche. Porque no estoy luchando en Afganistán… sigo sentado en la cama porque estoy deprimido, pensando por qué no estoy luchando en África negra, pero sigo sentado en mi cama, deprimido, entonces no solamente se tiene que psicoanalizar sino que hay que semipolitizar el sentimiento de depresión. Claro, todo es depresión, entonces llego a los 40 años y me deprimo, con lo cual estropeo a 10 o 15 personas, porque cada persona de 40 años está relacionada con diez, quince o veinte personas, por lo tanto, si hasta ahí estuve contento, el día que me deprimo estropeo quince relaciones, por lo tanto, se dan cuenta que altero la producción social, altero la producción artística, altero la producción del amor, es decir, debo ser condenado. Menos mal que yo no soy el presidente del gobierno… Porque la drogadicción por lo menos hay que hacer una actividad, el sujeto tiene que ir a comprar la droga, tiene que ir a robar, está más vivo, yo no voy a defender los drogadictos que también tienen que ir al diván, pero digo que hay más vida.

En cambio en el deprimido no está ni siquiera ir a buscar nada, porque no es que dice como el tango: "desesperado por mi sufrir… pero igual me fui a buscar alguna cosa, entonces ya no te extraño". Esa es una sustitución normal dice Freud. Los objetos perdidos deben sustituirse, ese es el aparato psíquico, esa es la normalidad. Cuando alguien les pregunte qué es ser normal para el psicoanálisis: reemplazar todo lo que se pierde, cuanto más rápidamente mejor, porque de esta manera intento ganar rápidamente lo perdido y lo no reparado es manía, que es la otra cara de la melancolía, por eso a estas psicosis se les llama psicosis maníaco-depresivas, es decir, en la depresión el objeto triunfa sobre el yo y en la manía el yo triunfa sobre el objeto.

Tratar a un paciente melancólico es, como en la medicina común, tratar a una persona con rayos, no puede ser cualquier médico, ni puede ser cualquier psicoterapeuta, tiene que ser un especialista que conozca muy bien su trabajo, que esté muy bien psicoanalizado, porque es todo un juego de pasiones casi como una persona normal, porque no es un psicótico, no es que forcluya al Otro como un psicótico, tanto no carece del Otro que se identifica con el Otro. No es una psicosis, pero es más loca que una psicosis. Es más fácil que se suicide un melancólico que, evidentemente, un psicótico. Es el mismo problema que el de la histérica y el obsesivo, ninguno de los dos se puede suicidar, pero el que realmente está absolutamente incapacitado para el suicidio es el obsesivo. En cambio la histérica a veces por error se suicida, queriendo llamar la atención se suicida de varias maneras, no sólo tirándose por el balcón o pegándose una puñalada. Matan la relación, esto también es una forma de suicidio. Del amor nunca quieren hablar conmigo, ¿me tienen miedo? o ¿piensan que soy un degenerado? o ¿aman a su madre todavía?

¿Recuerdan cómo se forma el Superyó? Cuando el niño tiene que abandonar a los padres, no les abandona, modifica una parte de su yo que ahora se va a llamar Superyó, que es la instancia moral. Así como se forma el Superyó, así se forja la melancolía, por identificación. Es decir, la libido objetal, la libido que sale del sujeto y va al objeto, vuelve al yo. Una elección de objeto se transforma en una identificación al objeto.

Freud dice que todo narcisismo es secundario, no hay narcisismo primario para Freud, es decir, más allá del principio del placer no hay narcisismo primario. Hay una identificación antes de toda elección de objeto, antes de la formación del yo, la que denominamos como identificación primordial. Si no sería que el yo tiene una libido propia antes de la aparición del objeto, del otro, y no es así. Primero aparece el otro, la libido va hacia el otro y después, se forma el yo.

La elección de objeto, segunda forma de la identificación, identificación por un solo rasgo, la elección de los padres como objetos amorosos, se transforma en identificación, por eso hablamos del Superyó como el heredero del Complejo de Edipo. Esta operación psíquica que podemos considerar normal, en la constitución del Superyó, es la que acontece en un sujeto cuando padece melancolía. La formación del superyó podríamos decir que es como una sublimación, mientras que: Identificación, melancolía, la libido vuelve al yo y esa es la libido narcisista, libido narcisista que ustedes saben que la melancolía puede ser caracterizada como una sublimación, en tanto el proceso de la sublimación, el arte, el baile, el puro amor, dependen del mecanismo de sublimación, es decir, del mecanismo de identificación, es decir: retiro la libido objetal, la dejo libido narcisista y después la destino a la sublimación, es decir, a la creación, a la producción social, es libido robada a los objetos, que se hace libido del yo. Podríamos llegar a pensar la melancolía como un proceso de sublimación fallido.

II

Buenas tardes, han podido elaborar alguna pregunta entre todos.

P. ¿Qué papel tiene el narcisismo dentro de la melancolía? Parece que es definitivo.

P. ¿Qué papel puede jugar el silencio dentro de la melancolía?

R. El silencio les puede volver melancólicos, dice usted ¿el silencio de quién?

P. ¿El melancólico hablando puede salir de la melancolía?

R. Hablando no. Pero con seis sesiones semanales de psicoanálisis y un buen psicoanalista... Hablando no.

P. ¿Qué pasa en el sueño del melancólico con respecto a la representación del objeto perdido?

R. ¿Por qué has hecho la pregunta? Se representa de todas las formas posibles que es posible el lenguaje de articular. El sueño es el sueño manifiesto, es decir, todas las preguntas están evitando el psicoanálisis, dirigidas a ver si el psicoanálisis se puede comprender sin psicoanalizarse, si la melancolía se puede curar hablando, si la histeria se puede curar follando. Muchos de ustedes tienen esa idea porque los veo practicar y practicar sin conseguir reducir los síntomas, porque eso no va, eso es la vida. La histeria se cura psicoanalizándose, la melancolía se cura psicoanalizándose y el contenido manifiesto de los sueños se sabe cuál es el deseo inconsciente que contiene esa manifestación, sometiendo el sueño al proceso psicoanalítico, porque no hay nada en los síntomas de deseo, sino aquello que pone la interpretación, no hay nada en el sueño de deseo sino aquello que en el sueño y en el síntoma pone la interpretación. Ustedes se hacen la pregunta metodológica que Freud se hace en "Mas allá del Principio del Placer", cómo hacer consciente lo inconsciente. La única posibilidad de hacer consciente lo inconsciente es la interpretación psicoanalítica, que es el mismo deseo, por eso yo les expliqué en algunas ocasiones que la interpretación no es ninguna metáfora en tanto la interpretación al ser deseo es como el deseo, pura metonimia, es decir, puro desplazamiento, pura errancia.

P. ¿Entonces en la melancolía el deseo está desplazado dentro del propio yo?

R. Ahí Freud plantea un problema interesantísimo, al plantear que en la melancolía hay una elección narcisista de objeto, pero esto plantea un problema porque ¿cuál es una elección no narcisista de objeto? Freud dice, en la melancolía el problema es que como hay una carga de elección de objeto narcisista, entonces cuando el sujeto tiene que regresar por pérdida de la realidad, regresa al lugar donde consiguió la relación, lo que pasa es que no hay relaciones de objeto que no tengan una base narcisística; se ama a la mujer que nos nutre, se ama al hombre que nos protege, se ama a lo que he sido, se ama lo que soy, se ama lo que seré, se ama lo que quisiera llegar a ser ¿qué elección de objeto no es narcisista?

Llamamos a la melancolía una Psicosis y yo creo que tendríamos que tener cierto estilo para no confundirnos, porque si nosotros venimos entendiendo algo de la Psicosis, entonces viendo que en las Psicosis interviene la *Verwerfung*, es decir, la forclusión, el rechazo primordial, ese rechazo primordial hace que lo que no alcance el lugar del símbolo, aparezca en lo real, entonces se puede pensar en una interferencia entre lo real y lo simbólico, de unas características y eso es la alucinación; la alucinación es una interferencia entre lo real y lo simbólico que padece el sujeto, el *acting-out* al cual ustedes están tan acostumbrados, es exactamente igual, una interferencia entre lo real y lo simbólico pero que el sujeto no padece, sino que actúa. Es decir, lo que comúnmente en la escuela analítica del 30, llamaban Psicópatas.

En la melancolía no se ve tan clara esta interferencia entre lo real y lo simbólico. No está claro por otra parte que lo que esté forcluido sea el nombre del Padre, es decir, no es fácil demostrar que en la melancolía no hay constitución de la metáfora paterna, y además el hecho de que la melancolía regrese a una fase narcisística de aprehensión del objeto, no da cabida a pensar que eso sea la causa de la Psicosis melancólica o de que eso sea una Psicosis en tanto no hay relación de objeto sin base narcisística.

El otro elemento sería pensar que la diferencia entre el duelo y la melancolía es debido a que en la melancolía se juntan, se fusionan o acontecen simultáneamente después de una división de la libido, donde una parte de la libido regresaría a la elección de objeto narcisista mediante el proceso de la identificación y en otro sentido, la misma libido, se detendría en lo que Freud llama la fase anal sádica.

Esta mezcla de instintos o esta división de la libido en su retroceso, donde al retroceder, en la regresión podríamos decir, hay una detención en la fase anal sádica, luego una energía restante que hace el proceso de identificación. Sin esta puntuación de la libido en la fase anal sádica es absolutamente imposible pensar la tendencia al suicidio del melancólico. Pero nosotros sabemos también que la tendencia anal sádica en una persona que no padezca en el mismo momento la pérdida de parte del Yo por identificación, no produce exactamente tendencia al suicidio. Por lo menos para Freud es sencillo, a mí mi mamá una vez me dijo, nene, no te hagas más la paja, bueno yo hice un caso relativo, claro, porque si nunca más me hubiera hecho la paja, no hubiese podido llegar a una sexualidad adulta jamás. Con los textos modernos tiene que pasar la mismo, Es decir, es evidente que Lacan critica la fase de la sexualidad, en el sentido de que quisieron hacer una lectura esquemática de lo que era la realidad psíquica, pero si ustedes lo leen bien a Lacan, más allá de las discusiones que tiene con dos mujeres, Anna Freud y Marie Bonaparte, van a ver que él no pierde la condición de la pulsión oral, todo lo contrario, la pulsión oral cuyo objeto primordial es el pecho, igual que para Freud era la pulsión anal. Después dice que no hay progreso de la dialéctica sexual oral a la dialéctica sexual anal; no hay progreso. No es que el objeto va progresando de la oral a la anal, pero esto también lo dijo Freud. A Freud jamás se le ocurrió decir que había un progreso, yo no lo leí nunca en ningún libro de Freud, pero evidentemente estas chicas que se peleaban con Lacan deben de haber leído así, pero entonces no es Freud eran las chicas con las cuales Lacan se peleaba.

En la pulsión anal el objeto es la caca, la materia fecal; después ustedes saben que la fase fálica en Freud, cuando él dice fase anal, fase oral y fase fálica; la fase fálica es una fase teórica, que si bien la pulsión oral está relacionada a la boca y la pulsión anal está relacionada al culo, la pulsión fálica no está relacionada a ningún objeto real, pero en Freud, no en Lacan. En Freud el objeto falta, no hay objeto en la fase fálica y es igual para el hombre que para la mujer. Entonces el sujeto psíquico tiene vicisitudes psíquicas, pulsiones orales, pulsiones anales y fálicas, y eso es el sujeto psíquico. Le podemos agregar según Lacan, que si leemos bien a Freud y los desarrollos posteriores de Melanie Klein, vemos cómo en el estudio de la envidia estos personajes pueden hablar de una pulsión escópica, y la otra pulsión, para ya completar el cuadro de Lacan, que sería la pulsión invocante. Cualquiera que haya leído bien a Freud se acuerda que escribe acerca de la primer paciente y Freud habla sobre "talking cure", es decir, de "la cura por la palabra"; así es que todo el desarrollo de la obra freudiana se realiza sobre lo que se llamaría la pulsión invocante, que tendría que ver con la demanda amorosa y con un orificio, el oído que no se cierra nunca. Pero evidentemente la pulsión invocante antes de la palabra, es imposible.

En esta relación con el pecho, objeto primordial pecho, es donde siempre se supuso la regresión narcisista en la esquizofrenia y en la melancolía, no es difícil entender por qué Lacan después dice que las Psicosis que puede estudiar el psicoanálisis es la paranoia, porque la paranoia para Freud y los postfreudianos, al igual que la neurosis obsesiva, se daba en la pulsión anal, y la pulsión anal a diferencia de la oral, reconoce otro, es decir, ya hay intercambio, como mínimo el otro de la alienación, el otro de la imagen y que aquí va haber disgregación y por lo tanto no se van a poder leer estructuraciones. No es descabellado pensar que la melancolía no tiene que ver con la succión, sino con la masticación del objeto, y no es descabellado pensar que la ambivalencia primordial que encontramos en todas las melancolías tenga que ver con que con la incorporación del objeto, lo destruyo.

La genitalidad, la cuarta fase de Freud, fase genital, para el sujeto psíquico que tiene pulsiones orales, anales y fálicas, las relaciones sexuales no existen, pero para la fase genital, que no es el sujeto psíquico, que es el sujeto de la especie, las relaciones sexuales existen porque son la marca de sujeto viviente para la reproducción y el cuidado de la especie. Por lo tanto en la fase genital cualquiera se puede follar a cualquiera, como las vacas con los toros y los caballos con las yeguas; pero esto es la especie. Relación genital que sería perfecta según la especie, como lo es el órgano genital femenino, no sé si ustedes alguna vez vieron alguno, es un órgano perfecto, si fuera el órgano de la especie, pero como antes de que la vagina sea el órgano de la especie tiene que atravesar la pulsión escópica, la pulsión oral, la pulsión anal y la pulsión fálica y la pulsión invocante, todos los desencuentros que tendrían que ser perfectos en la fase genital nos van a mostrar cómo es de psíquico el sujeto y de dónde es psíquico el sujeto; ni de la pulsión escópica, ni de la pulsión anal, ni de la pulsión fálica, sino de dónde es psíquico el sujeto.

P. ...

R. La fase genital correspondería a la pija, al culo, las tetas, la vagina, el coño, la vaca, los toros, esa es la fase genital, corresponde a los objetos, a la mesa, fase genital, no al concepto de mesa, no al concepto de trabajo, a la cosa, al cuerpo biológico, esa es la fase genital.

Esto es muy interesante porque la fase genital, que hablaría de una normalidad del sujeto, y es por eso que la psiquiatría y la antipsiquiatría y las peleas para ver qué es lo Psicótico y qué es lo no Psicótico, porque evidentemente la normalidad que se visualiza desde la fase genital es la normalidad de la especie. Si tiene flujo cuando folla, y él tiene erección cuando folla y después tiene semen, ella tiene lubricación y ovulación, es normal, pero ven que es normal para la especie, allí nadie habla de goce. Ustedes saben que aquí lo psíquico se demuestra con una contundencia increíble, hasta puede doler el coito, eso ya es psíquico. Hasta el orgasmo que es el momento donde la sustancia verdaderamente viva se separa del sujeto que acaba de morir por haber entregado su sustancia viva a la producción de otro ser vivo, el orgasmo que sería el máximo goce que la especie permite, a veces se realiza con dolor, a veces no hay orgasmo. Todo esto ocurre en las relaciones genitales, que no muestran realmente que las relaciones genitales son imposibles, sino que muestran que las relaciones sexuales hacen casi imposible el encuentro, la relación genital, porque ésta es del orden de la especie y no del sujeto psíquico. El sujeto psíquico es sus pulsiones, no su función como elemento vivo reproductor.

Ya la vez pasada les mostré cómo la única libertad sexual de este siglo, fue para la mujer, y fue la posibilidad técnica de que la mujer pudiera separar en algunos momentos de su vida la sexualidad, la genitalidad de la reproducción. En el melancólico se podría observar como un retorno de lo reprimido, cosa que también nos alejaría de pensar a la melancolía como una Psicosis, cuando precisamente en las Psicosis hay una distinción tajante con la represión, es decir, porque en la Psicosis no hay retorno de lo reprimido, es decir, lo que el histérico calla en el habla, en el símbolo, habla por todos los poros de su ser; si uno es fóbico también y si es obsesivo, todos los rituales hablan por él; pero en el caso del Psicótico no pasa así, no hay retorno de lo reprimido, no hay represión, no es algo que hubo, que se reprimió y que vuelve llamando la atención, no. Es algo que rechazo sin omitir juicio sobre lo que rechazo, pero lo declaro inexistente. En la represión se supone que hay juicio, eso que rechazo aparece en lo real como tal, por eso que hay una interferencia entre lo real y lo simbólico, es decir, no hace falta ponerse muy moderno para darse cuenta que Freud dice, lo que fracasa en el Psicótico es lo imaginario, es decir, el Psicótico no puede como el neurótico fantasear; y que haya

una interferencia entre lo real y lo simbólico explica cómo los psicoanalista clásicos que se han dedicado a esto, hablaban de una confusión, de una confusión entre lo simbólico y la cosa, es decir, todo lo
simbólico es real; esto no ocurre en el melancólico; lo digo para ver
si la llamamos Psicosis o no la llamamos Psicosis. Esto ocurre en las
Psicosis pero no ocurre en el melancólico. El proceso del melancólico
es como el proceso de la instalación del Superyó, luego se transforma
en el inicio del mecanismo de la sublimación. Sólo se puede sublimar
libido objetal, pero como si yo la amo a usted no puedo sublimar, la
estoy amando, para poder sublimar tengo que retirar esa libido objetal, igual que hace el melancólico, y transformarla en libido del yo,
es decir, libido narcisista. Desde ese lugar ahora el yo del sujeto su-
blima; quiere decir que el mismo mecanismo que me mete en la melancolía o que me instala el Superyó, también me permite la
sublimación. Maniobra que hasta que no se demuestre lo contrario,
a pesar de las dudas que yo mismo tengo acerca de este concepto, es
el mecanismo de civilización que esta bestia que es el hombre posee,
es decir, es el mecanismo que le permite al sujeto salir del circuito
de la pulsión, ¿por qué salir del circuito de la pulsión?, porque la pulsión no tiene objeto, bordea el objeto y la satisfacción la encuentra
cuando vuelve sobre mí, es decir, que el circuito de la pulsión sale
del sujeto, vuelve al sujeto, por eso que Freud cuando habla de la pulsión de ver, habla de la pulsión de mostrarse, y cuando habla del sadismo habla del masoquismo, porque él se había dado cuenta que la
pulsión encuentra la satisfacción saliendo del sujeto, dando toda la
vuelta alrededor del objeto y volviendo al sujeto. El mecanismo de
sublimación es el mecanismo por excelencia que le permite a esta
bestia que es el hombre ser un ser social, recogiendo libido de los objetos como cuando se vuelve loco, pero en lugar de volverse loco,
genera civilización, es decir, genera social-histórico.

Ahora podríamos entrar a ver todas las variables de lo que podríamos llamar melancolía "sui generis" ; nunca se sabe si la menopausia trae una depresión o si sólo se llega a la menopausia a través
de la depresión, es decir, tampoco la menstruación es biológica, la

especie hace que la mujer tenga menstruación, pero después vimos que las chicas también pasan por la fase oral, la fase anal, el culo, la caca, el coño, el clítoris, los huesos, las venas, las arterias, la sangre. La pulsación de Inconsciente no es otra cosa que la pulsación vital. En ustedes cuando deje de pulsar eso que pulsa, mueren; esa es la pulsación del Inconsciente. La pulsión escópica, abro y cierro los ojos 60 veces por minuto, ¿se dan cuenta?, esa es la pulsación, la pulsación de la vida; se acaba la pulsación y se acaba la vida.

La especie dice, para que la especie sea linda, grande y bella, desde los 13 años hasta los 40, hasta los 32, hasta los 50, según las culturas hasta los 60, hasta los 55, hasta los 18 en algunas especies animales, hasta los 20, en algunas tribus hasta los 14... ¿ven cómo no tiene nada que ver con el psiquismo?, es decir, creo que en total hay muchos más folículos de Graaf –que son en su desarrollo y su maduración los que producen la menstruación– que los que alcanzan para que la mujer tenga una vida de fertilidad sólo de 20 a 30 años. El mecanismo por el cual viene la menstruación es el desarrollo o la maduración del folículo de Graaf que se hace óvulo, el óvulo produce... Viene la menopausia, hacemos los análisis de los folículos de Graaf, operamos a una señora y vemos que no todos los folículos de Graaf están destruidos, degenerados o podridos, sino que hay algunos en perfecto funcionamiento y no se sabe porqué no maduran. Cuidado que las coja un psiquiatra cuando están deprimidas por la menopausia, porque los psiquiatras a esto le llaman melancolía endógena y dicen que es incurable. Cualquier enfermedad orgánica sin base biológica o fisiológica después de los 45 años es melancolía endógena. Tengan cuidado porque si es el hombre, les cortan el bicho para que el tipo aspire y ahí nazca la vida y ya no tiene necesidad de rechazar la castración, ya fue castrado dice el estado, entonces en esa no necesidad de rechazar lo que ocurrió, el sujeto cura. No sólo se rían los varones que a las chicas también hay que operarlas, las chicas también tienen pene.

La diferencia entre la identificación melancólica, dice Freud, es que el histérico se identifica con el objeto amoroso, pero no deja de tener objeto, se identifica con el objeto amoroso y no pierde el erotismo con el objeto con el cual se identifica. En el melancólico hay desaparición del objeto en la identificación. En el histérico no hay desaparición del objeto en la identificación, por lo tanto mi amor, en ese rasgo de histérico sublime, no la quiero hacer desaparecer, quiero ser como usted una mujer. Me imagino que a las chicas las pasará lo mismo, no quieren hacer desaparecer al hombre, querrán ser un hombre.

Después viene la parte donde Freud dice que la melancolía no es así, la melancolía es, me identifico con el objeto perdido, o basta con que esté en desacuerdo con el objeto amoroso, cuando me identifico con él pierdo el objeto amado, pierdo la carga erótica de objeto, es decir, no tengo como la histérica el objeto al lado mío para decirle: "Querido hemos fracasado una vez más"; el Superyó no tiene a quién castigar.

No se acuerdan de esa amante que le decía a la muchacha que ella nunca iba a gozar, para que él no viera su cara de goce; eso es una histérica, tiene alguien que está preocupado en que ella tenga cara de goce. Con el melancólico no hay objeto ¿hay odio contra el objeto? El Yo identificado con el objeto se presenta como objeto a la crítica o a los deseos. El neurótico obsesivo más proclive a ser como el melancólico, jamás se suicida, dice Freud, porque le alcanza con hacerle hacer mala sangre al objeto amoroso, entonces, yo con las chicas obsesivas las llamo a las 8 de la mañana y les digo "querida, como me hiciste renegar ayer" y ese día consigo que no me maltraten tanto. Además porque el obsesivo nunca está en la escena, si yo fuera obsesivo estaría ahí viendo cómo usted se relaciona con este fetiche que soy, por lo tanto no me puedo querer suicidar, si no estoy en la escena. Y el histérico se suicida por equivocación, dice Freud, cuando consiguió un camionero que le pega dos cachetones como nunca hizo su madre, la tira un poco del pelo, la mete dos dedos en el culo, la muerde el cuello y la patea un poco la cintura y ella tiene un orgasmo, al otro día puede querer suicidarse, para mostrarle al objeto amoroso que no se ha triunfado sobre nada, que todavía permanece la insatisfacción, y ya sabe que la histérica es muy simbólica y que follar en realidad es una asquerosidad aunque no puedo dejar de desearlo, por eso que la histérica va a tener sentimientos de fealdad, en cambio el melancólico jamás tendrá, en sus autorreproches, jamás se dirá soy feo, si se dice soy feo es un histérico.

El melancólico es más parecido a las fantasías que tienen ustedes, fantasías de ruina y de empobrecimiento, porque tienen que ver con el culo, y todas las fantasías que tienen que ver con el culo, terminan en las fantasías de empobrecimiento y de ruina económica.

Hay un mecanismo esfinteriano que rige lo que retengo y lo que expulso. Si retengo soy neurótico obsesivo y si expulso soy paranoico.

Soy melancólico cuando hago desaparecer al objeto, no cuando retengo o cuando expulso, nada de que lo asimile y lo tengo en el culo, entonces lo aflojo un poquito, lo pulverizo y tengo diarrea... nada que ver con eso, lo hago desaparecer, desaparece, se integra a mí, lo asimilo totalmente. El objeto, dice Freud, ha triunfado sobre el Yo, la sombra del objeto cae sobre el Yo. La diferencia, otra más, entre el duelo y la melancolía es que en el duelo, una vez que se elabora la situación no hay triunfo maníaco sobre el objeto. En el duelo retraigo la libido, presento desinterés por el mundo exterior, no tengo alteraciones del Yo ni autorreproches y me someto a la exigencia de la realidad que me dice que el objeto amorosa ha desaparecido. Freud dice, como eso me lleva un tiempo, la energía del proceso queda agotada en la elaboración del duelo. En la manía, en la melancolía no ocurre esto, sino que se genera un circuito psíquico que así como el objeto había triunfado sobre el yo, en tanto el yo lo había hecho desaparecer por medio de la identificación, ahora recibía como yo la crítica de su instancia moral; en la melancolía no hay ese cierre, no hay esa dilución de la transferencia.

Esto es muy interesante porque hay fines de análisis que producen duelo y fines de análisis que producen melancolía, y tiene que ver con la dilución o no de la transferencia. Si diluyo la transferencia no tengo necesidad de cuando termine mi análisis identificarme con mi psicoanalista, perder un pedazo de mi yo con la identificación para retener el objeto perdido, eso es un mal fin de análisis. La dilución de la transferencia quiere decir que el psicoanalista en el fin de análisis no es un objeto perdido sino que es un objeto hallado, en el sentido de que es el objeto que me abre la puerta al mundo de los objetos, es decir, al mundo del deseo inconsciente.

P. ¿Qué pasa con la forclusión?

R. La forclusión es un mecanismo, Freud lo llama rechazo, mejor dicho lo traduce por rechazo y Lacan lo traduce como forclusión; pero rechazo es una linda palabra que Lacan mismo utiliza muchas veces, porque es un rechazo primordial, en la afirmación primitiva, antes de la negación, en el juicio primitivo, ahí rechazo la afirmación primitiva, pero lo que pasa es que si ustedes se dan cuenta, esto ocurre en cada fase si estoy en la castración evidentemente rechazo la castración, soy el hombre de los lobos, el hombre de los lobos no es un esquizofrénico; si estoy en la pulsión anal frente al pecho, la pérdida de la identificación primordial entonces es la boca, es la madre primordial lo que sin saber qué es declaro inexistente, sin juicio, dice Freud.

P. Sin juicio, quiere decir sin negación.

R. Sin saber, sin juicio de atribución, sin juicio de afirmación. No puedo decir que es mi madre, no puedo decir eso, no puedo simbolizar. En cambio en el histérico, que la diferencia con la represión es que aquello que no puedo decir aparece por todos los lados... ahí no, ahí aparece en lo real.

P. En la melancolía ¿dónde se muestra eso?

R. Precisamente estoy investigando que en la melancolía se presenta un problema muy serio. No sé si la podemos considerar una psicosis, porque no está ese rechazo primitivo; hay relación de objeto, después Freud aclara, llegar a la especie no tiene nada que ver con lo psíquico, usted puede follar todo lo que quiera que en su inconsciente la función todavía es oral, anal, pero lo que pasa es que después el melancólico habla de objetos, no hay trastorno del lenguaje, hay trastorno real. Podemos analizar algunos suicidios, lo que pasa es que esto necesita un Ateneo. En la melancolía lo que no podíamos ver era la desaparición del otro como tal, es decir, porque la metáfora paterna ¿qué es?, si es una metáfora, es una sustitución de un significante por otro, de un término por otro, lo que al objeto le da significación es el Deseo de la Madre, cuando llega a la castración, el Nombre del Padre sustituye al Deseo de la Madre. Si nosotros tenemos, Nombre del Padre, Deseo de la Madre, aquí tendríamos Deseo de la Madre, significación en el sujeto, en cambio tachamos Deseo de la Madre, reemplazamos y directamente ponemos "Nombre del Padre"; entonces, el Nombre del Padre nos da como significación el falo. El Nombre del Padre al sustituir el deseo de la madre, significa en el sujeto la falta. Freud habla del objeto perdido y no del sujeto carente, pero fíjense como el Nombre del Padre, es decir, la castración, la aparición del tercero en el Edipo, hace que el sujeto se constituya como faltante, porque el significante falo lo constituye con el Nombre del Padre.

El mundo del Otro me inscribe en la dialéctica fálica, me significa, significa al sujeto, el falo, y el falo es el significante, el concepto positivo de la falta. Por lo tanto con la metáfora paterna me constituyo como faltante, el deseo de la madre me constituye como completo. Espero que se hayan dado cuenta, que si no soy el falo para el otro no me puedo volver melancólico. Sólo cuando pierdo un objeto para el cual yo era su falta, ahí entonces me vuelvo melancólico.

P. ¿Sería imprescindible la sensación de completud para que aparezca la melancolía?

R. Sería imprescindible que se haya realizado la metáfora paterna, pero que se constituya, no sabemos todavía muy bien porqué mecanismo, pero yo puedo aclarárselo si ustedes me dan más tiempo. Aparece la demanda, el deseo de la madre constituyendo al sujeto. El sujeto tiene que tener el Nombre del Padre porque va a hacer de falo del otro, está en la dialéctica fálica, lo que pasa es que en términos de confusión. Es el falo del otro, es lo que le falta al otro para ser y lo que le falta al otro para ser, en realidad corresponde a la dialéctica imaginaria, que en realidad es invertido, es lo que me falta del otro para ser, en la dialéctica del espejo, estoy fragmentado, miro el espejo entero, lo que me falta del otro, que está entero, para ser entero.

P. Antes de la dialéctica de ser y tener.

R. Antes de la dialéctica de ser y tener, que es la dialéctica que impone el falo, ser o no ser. No hay en el melancólico la pregunta acerca de lo que es, si es cosa o ser humano. Hay en el esquizofrénico la pregunta acerca de si es cosa o es un ser humano, pero tampoco hay una pregunta acerca de su sexo como en el histérico o en el neurótico obsesivo, no hay una pregunta acerca de si soy hombre o soy mujer como se pregunta usted o como usted se dice, ni soy hombre ni soy mujer, como en el obsesivo; pero tampoco está la pregunta por el ser o la nada o la cosa, y no se ve claramente que haya una interrupción del proceso imaginario porque el melancólico también tiene fantasías, que es lo que el psicótico no tiene; toda la fantasía es real, todo lo simbólico es real, ven como está abolido el proceso imaginario. Entonces tendríamos que pensar en un desarrollo pervertido en el proceso de identificación, en el sentido de que las líneas de identificaciones de los otros, me lleva a la formación en función de lo otro, del yo, es decir, del ideal del Yo.

Lacan llega a decir que el Ideal del Yo es aquello de lo simbólico que permite la regulación imaginaria, es decir, según Lacan el Ideal del Yo es lo que permitiría al neurótico frente a la imposibilidad simbólica, la fantasía imaginaria. Ese desarreglo, ese desorden de lo imaginario, esa disolución de lo imaginario que acontece en el psicótico, acontecería por un fracaso, a mi entender, en el Ideal del Yo, es decir, el circuito de lo imaginario quedaría regulado por el Yo ideal, es decir, el Yo primitivo, y eso, para mí, sería el trastorno de la psicosis, que evidentemente yo no veo claramente en el melancólico.

Esquema R:

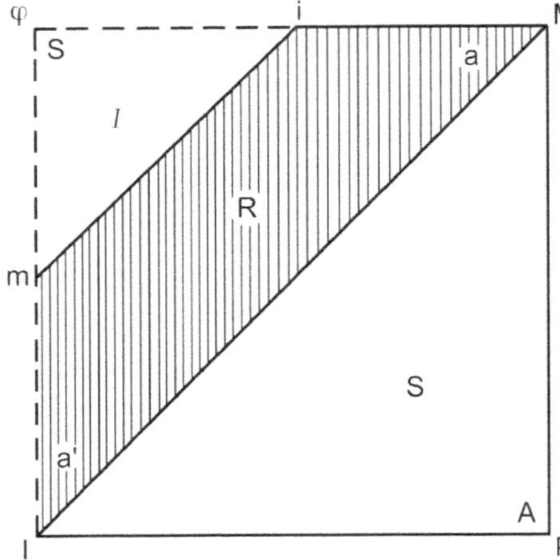

I: Ideal del Yo
A: El lugar del Otro
i: imagen, yo ideal
m: moi, yo
S: Sujeto
a y a': yo y otro

El esquema R está hecho de dos triángulos y un cuadrángulo:

I: Triángulo de lo Imaginario
S: Triángulo de lo Simbólico
R: Cuadrángulo de lo Real
M: Significante del objeto Madre
P: Significante del Nombre del Padre
φ minúscula: El significante falo, objeto imaginario.

El cuadrángulo de lo Real es una superficie topológica, una Banda de Möebius , que se hace uniendo i a I y m a M, haciendo la torsión que caracteriza a esta superficie.

En realidad es en la madre el fracaso, porque Lacan en el esquema R, ¿vieron en la línea de la castración en el grafo de la realidad?, ¿la línea central, la diagonal central? Freud en un lado pone el Ideal del Yo y en el otro lado pone la M (mayúscula) que es la madre primordial, la madre fálica, entonces ahí justo cuando acontece la castración, la madre fálica queda reducida a madre real, por lo tanto cuando el sujeto la demanda a la madre real, que la madre real es el lugar del amor, le pide que sea la madre fálica. Es decir, esto es m, *moi* el Yo corporal, el *ich* el real *ich*, que da su imagen porque existe la presencia del falo imaginario. El falo imaginario φ (fi minúscula) es la versión de la función imaginaria de la cantidad en el proceso de los números naturales, es decir, estos dos conjuntos podían relacionarse entre sí porque el sujeto no tenía la ley de los números naturales, pero tenía el concepto imaginario de cantidad. El triángulo que se formaba era real, imaginario, real, es decir, el primer triángulo, cuando el chico se para delante del espejo es real-imaginario-real, igual que con el intercambio de conjuntos. Cuando aparece el número natural en la Matemáticas, desaparece un conjunto real y la relación es real-imaginaria-simbólico. ¿Qué viene a nombrar el símbolo, que viene a nombrar el nº 6?, el número 6 es en realidad el nombre de la cantidad que ya tengo en el imaginario. Cuando aquí viene el símbolo Φ (fi mayúscula) falo simbólico, es un significante, entonces la relación va a ser imaginaria, real y simbólica. Entonces aquí está la madre primordial, aquí está el Ideal del Yo y aquí cuando el sujeto ya es impactado por la palabra. Este lugar es la madre castrada y este lugar es la significación en función de la madre castrada, en el sujeto. Cada vez que le pida a mi madre castrada que sea mi madre fálica, eso será demanda amorosa. Toda demanda amorosa significa pedirle a la madre castrada que se transforme en la madre fálica, es decir, que deje de ser real. Pedirle a la madre real que deje de ser real. En una línea que sale del grafo, este es el objeto a, entonces si ustedes recuerdan, esto es a y esto es a', porque el yo se había ido del otro lado había sido capturado la imagen del yo y había sido puesta del otro lado del espejo, entonces hablamos de sujeto barrado, tachado, eclipsado; el sujeto tachado, operación deseante: ($\mathcal{S} \diamondsuit a$).

En el psicótico está el sujeto barrado, está el objeto "a", pero no hay operación deseante, entonces está el lugar del tesoro del significante; está el lugar de la escansión en el sujeto, pero no está lo que les une, por lo tanto tiene por un lado un conjunto de palabras, el tesoro del significante, y por otro lado sin que tenga nada que ver con el tesoro del significante, un montón de significancias. Yo pienso que en el grafo éste, esto es el Yo ideal, parte del Yo ideal es parte del Yo constituyéndose en lo otro, pero va a ser ideal del Yo cuando aparezca aquí la madre primordial, cuando aparezca la barra de la castración, la madre primordial, la madre castrada, objeto "a", operación deseante, ideal del Yo, cuando aparezca todo; mientras tanto el yo ideal es el cuerpo puesto ahí, en todo caso es el cuerpo vaciado de contenido, que me llevó el contenido y lo puso en la imagen, de la cual ahora recibo el impacto. A mi entender esa relación imaginaria no es regulada desde el Yo Ideal, que tiene que ver con el otro, porque aparece cuando aparece el otro en esa línea de identificación. Hubo esto, pero la regulación no le viene dada de aquí, sino desde el Ideal del Yo. Es decir, es el Yo ideal, aún no sabemos por qué habla, no es el Ideal del Yo que habla en el Psicótico, es el yo ideal, el yo primitivo, lo que pasa es que todavía no es momento de explicárselo, por qué es el yo ideal el que habla en las voces que el psicótico escucha.

Evidentemente esto es el deseo, sujeto barrado desea objeto amoroso, el objeto "a" ven que queda fuera del sistema psíquico, el yo ideal también. Cuando interviene el yo ideal o se confunde con el ideal del Yo o actúa por sí mismo, hay procesos, uno es el enamoramiento, que lleva al suicidio y otro es la psicosis.

Gracias. Continuamos la próxima.

PRIMERAS APROXIMACIONES

III

Comenzaremos diciendo que lo omitido en general, por los psicoanalistas al estudiar el duelo y la melancolía es la psicosis maníaco depresiva y, a lo mejor, ésta es una manera de entrar en tema, porque ustedes saben que los melancólicos son personas irritables pero, a la vez, son personas plácidas. Tanto, el señor como yo podemos ser melancólicos, amables, pero también irascibles.

Es muy interesante lo que dice Hipócrates en el sentido de la unión con la epilepsia y, por tanto, en años posteriores se va a asimilar a la melancolía, por este sesgo, la hipocondría.

Enseñanzas clínicas que deben ser trituradas por las concepciones científicas modernas pero que han de sernos inolvidables para introducirnos en el campo de la clínica. Esa misma enfermedad cuando toma el sesgo del cuerpo es epilepsia o hipocondría y, cuando toma el sesgo de la inteligencia, es melancolía.

No tendría que traer ninguna palabra más para entablar una larguísima y curiosa discusión.

La manía es un estado de alegría exacerbado, pero más aún de cólera y violencia. Enfermedad –que si ustedes se tomaran el trabajo de leer las descripciones de Hipócrates o la definición en Kraepelin– verían un polimorfismo en la descripción de la melancolía que, por un instante, parece que cualquier conducta humana puede llevar en sí la tachadura de la melancolía.

Uno de estos autores –no tan moderno, 1780-1830– llega a describir catorce tipos diferentes de melancolía, entre las cuales actualmente podemos incluir la esquizofrenia, la paranoia y la histeria.

Que la melancolía esté siempre tan asociada a la muerte y a la pérdida –no estoy hablando ni siquiera de Freud, estoy hablando desde la rasante clínica psiquiátrica, es decir, en el encuentro de ese tipo de personalidades– fue el estudio de algunos investigadores que dedujeron una esencia melancólica en toda producción humana. Tanto que podemos considerar, en estos autores, que cuando uno enferma, enferma de melancolía y después se defiende como puede, histéricamente, obsesivamente, paranoicamente o esquizofrénicamente.

La melancolía ha planteado sus problemas siempre, cualquier poeta se daría cuenta que alguien que plantea siempre su presencia tiene alguna relación con la muerte. Esta conexión con la muerte hace de la melancolía una enfermedad mal investigada, si no, como mínimo, mal tratada. Cuando digo que plantea los problemas digo que en las salas ultramodernas con quince o veinte psicoanalistas, con psicoanálisis para todos los psicóticos, sin embargo el melancólico sigue planteando discusiones en estas salas acerca de si en algún momento se debe o no utilizar el electroshock.

Escuelas de psiquiatría dinámica que no aplican electroshock en sus salas dan como indicación precisa una serie de electroshocks en ciertos procesos de la melancolía como única posibilidad de que no se produzca el suicidio, de cómo sacar al paciente de ese tobogán en el cual entra.

La melancolía puede adquirir cualquiera de sus formas. Hay una melancolía que se llama endógena, es una melancolía del cuerpo, puede anidar como núcleo en las personalidades hipocondríacas y a una edad social donde se decreta la madurez del hombre o la mujer. Entre los cincuenta y los sesenta años en estas personas se desencadena una melancolía –dicen, incurable– en pacientes en que previamente habían tenido una personalidad hipocondríaca.

El desgano característico del melancólico es correspondiente a la aceleración maníaca, la falta de ilusiones comparada a la exuberancia de ilusiones de la manía.

Podríamos decir que hay un asesino en el suicida, que este asesino particular a lo mejor se mata, pero lo que no podemos asegurar es que se mata sabiendo que se mata totalmente. Es un criminal a medias: atenta contra una parte de sí y se mata todo, se mata por error.

El melancólico es un asesino y, a la vez, un moralista y no es una parte de sí lo que asesina o intenta asesinar aunque se mate o aunque su cuerpo padezca la enfermedad, sino siempre es a un otro.

Por eso es que el suicidio se puede comparar más que a la estructuración de un proceso psicótico a una especie de desorden o los viejos estados confusionales, precisamente, de Kraepelin, que tan bien los describió. Es decir, que no es patognomónico de la melancolía querer matarse, sino su desgano, su falta de esperanzas, de ilusiones. Los casos de suicidio en los melancólicos en tratamiento se producen como una iatrogenia, enfermedad producida por los médicos, por error de cálculo en el estricto sentido de que el psicoanalista no pudo una interpretación transferencial, es decir, cuando el psicoanalista no pudo dirigir la cura y quiso dirigir la vida del paciente.

En el histérico esto puede dar como resultado la compra, por ejemplo, de una vivienda, el cambio de coche. En el melancólico este mismo error lo puede llevar al suicidio. Normalmente los suicidios son asesinatos; todo suicidio debe ser investigado psicoanalíticamente.

Hasta ahora yo estuve, en este Seminario, dando clases de epistemología, ahora me doy cuenta que son éstas las primeras clase clínicas y digo que, frente al drama de la clínica hay que formarse como psicoanalista, eso es una formación universitaria.

En la próxima clase vamos a ver el planteo de Freud que ustedes habrán leído para la clase de hoy y vamos a trabajar sobre ese modelo. Además del texto "Duelo y melancolía" pueden leer el "Manuscrito G" de las obras de Freud.

La depresión es una palabra con muchos atributos, en tanto ciertas Escuelas Psicoanalíticas le atribuyen a la depresión ser el sentimiento que sólo es posible de ser producido por la visualización o presencia del tercero.

La manía sería, simplemente, la negación de esa vivencia. Si nosotros apretamos más, podemos decir que todavía no sabemos por qué, pero que la melancolía se desencadena frente a las diferencias sexuales. La manía, lo que va a tender a negar, son estas diferencias.

En la clínica, no se ve como si hubiese una enfermedad única –como para Pichón Riviére o para Faerbairn, donde para uno la enfermedad única es la esquizofrenia y para el otro es la melancolía– sino como si hubiese como mínimo dos enfermedades, la melancolía y la esquizofrenia.

También es verdad que ustedes tendrán que estudiar y producir el escrito que fundamente estas aseveraciones clínicas. Lo que se ha visto en muchos pacientes esquizofrénicos es salir del momento psicótico, histéricos y a los melancólicos se los ha visto salir de la psicosis maníaco depresiva por el camino de la neurosis obsesiva. Por lo tanto también hemos visto una histeria desestructurada en una psicosis esquizofrénica y una neurosis obsesiva desestructurada en una psicosis maníaco depresiva. Estos son fenómenos atentamente descriptos por muchos clínicos y que, además se ven.

Dentro de las teorías de enfermedades únicas, la histeria sería –en ambos casos, Fairbairn y Pichón Riviérè– el grado neurótico de mayor grado de simbolización, es decir, lo más cercano, para decirlo de alguna manera, a la normalidad, es decir, habría una sexualidad simbólica. Estos autores que en la clínica son de una utilidad incuestionable, nos muestran la mayoría de las enfermedades con las que nosotros nos encontramos, porque nosotros no nos vamos a encontrar con muchas melancolías pero sí con muchas depresiones, no nos vamos a encontrar con muchas esquizofrenias pero sí con muchas esquizoidias, con muchas fobias e histerias y con la combinación actual deteriorada de la paranoia, ya que la paranoia hace muchos años que no se ve en ningún hospicio. Puede ser que en algún hospicio español se vea porque hay cuarenta años de ausencia de psicoanálisis. En Inglaterra no se ve una psicosis paranoica, sino que se ve una combinación de una enfermedad que se ha dado en llamar esquizo-paranoide.

El delirio sistematizado de la descripción paranoide no se ve más, es muy difícil encontrarlo, por lo tanto está el delirio paranoico, pero desestructurado, con instrumentos de la enfermedad esquizofrénica.

Una enfermedad emparentada –esa sí se ve mucho, en tanto todos nosotros lo somos– es la parafrenia. Para describirla podemos decir en un sujeto aparentemente normal ciertas palabras desencadenan un delirio estructurado de corte paranoico, reivindicativo, de megalomanía; es una psicosis muy moderna: están los que deliran con la mujer, los que deliran con el psicoanálisis, los que deliran con la poesía. No todo el día, sólo cuando hay una frase que desencadena el mecanismo.

Para estos investigadores que venimos hablando –Fairbairn, Pichón Riviére– todas estas enfermedades, la fobia, las hipocondrías, las histerias, son núcleos defensivos contra la locura, en un caso, para el primero, la esquizofrenia y en el otro, la melancolía.

En 1900 si una dama se desmayaba quedaba bien, era una muestra de amor, entonces, era muy fácil ser histéricas porque tenía una apoyatura social. Después vinieron las ciencias entonces, el hombre padeció de un pensamiento obsesional: el que no era neurótico obsesivo era un idiota. Evidentemente, ahora, estamos padeciendo el pensamiento paranoico, hoy es muy fácil ser paranoico. Cuando digo todos nosotros tenemos delirios reivindicativos circunscriptos, por eso digo parafrenia y no paranoia. Por ejemplo: siempre delira con la gallina, es decir, tiene que escuchar la palabra gallina para delirar, si no escucha la palabra gallina, no delira. El pensamiento teórico es un pensamiento crítico paranoico.

Pichón Riviére que se daba cuenta de todas estas cosas decía que el hombre iba a llegar a pensar cuando se pusiera triste, es decir, cuando aceptara ser mortal y en lugar de volverse melancólico, esquizofrénico o estúpido, se pusiera triste. Él decía que la tristeza tenía una luz que ningún otro estado del hombre podía alcanzar, pero que ella misma era inalcanzable, en tanto siempre estaba manchada de un toque melancólico, entonces ya no era tristeza, sino melancolía. De un toque histérico, entonces ya no era tristeza, sino exhibicionismo. De un toque fóbico ya no era tristeza, sino aislamiento.

Una vez conseguido el estado de tristeza, en ese estado había una luz particular que permitía ver los fenómenos del universo tal cual eran, pero que lo difícil era alcanzar la pureza de ese estado de tristeza que se le daba al hombre en la aceptación de la existencia material finita.

En la tristeza, dicen ya los discípulos de Pichón Riviére –Fidel Moccio, por ejemplo– es como si se diera el porvenir de una nueva armonía –bastante difícil en los sistemas capitalistas– que hablaría de una concordancia entre el pensamiento y la acción. Tal concordancia que no serían dos estados separados, sino que pensamiento y acción serían la misma cosa, es decir, que para poder producir un pensamiento concreto, según Marx, según esta Escuela de Psicoanálisis, habría que poder alcanzar primero el estado de tristeza, estado sin el cual el hombre no puede producir pensamiento concreto, pensamiento que transforme la realidad.

Quiere decir que cuando una mujer llora no está triste, pues con los ojos todos nublados y taquicardia, no ve nada. El llanto es lo que la melancolía toca a la comprensión: "comprendí, pero en lugar de comprender, lloro". Como cuando me cuentan un chiste, en lugar de comprender me río.

Alumno: Antes hablaste de la depresión y la melancolía, pero me parece que la depresión es más popular que la melancolía. Quiero preguntarte si la depresión no sólo abarca la pérdida del objeto amado, sino también la pérdida del yo. Se me ocurre que la depresión como término más amplio abarca las dos pérdidas.

Profesor: La depresión es un sentimiento normal: pierdo un objeto y eso me produce dolor, pero sabemos desde Hipócrates que si el dolor persiste mucho tiempo ya no es dolor, ya no es duelo, es melancolía.

La verdadera locura dura un instante, que si después nosotros nos encontramos con locos de veinte o treinta años ésa es una ilusión, no es la locura. La locura tiene el mismo problema temporal que el tiempo en psicoanálisis.

La depresión es un hecho normal del lenguaje. En la vida de un hombre, de una mujer, se tienen que producir hechos tristes, a estos hechos tristes corresponde el sentimiento de duelo: dolor por lo perdido.

La enfermedad, ese hecho arbitrario del lenguaje, llamamos así a la persistencia de las sensaciones de duelo. Hay que saber que frente a la muerte de un ser querido –nos pasa a todos– existe la tendencia a la identificación masiva con el objeto perdido, morir como el objeto.

Siguiendo con el proceso de la melancolía diría que depende del grado de identificación que se puede pronosticar, en la lectura, del grado de identificación con el objeto perdido, duelo o melancolía. Estas son conclusiones teórico-ideológicas puestas en práctica en casos clínicos concretos con resultados psicoanalíticos, pero esto no quiere decir que la frase teórico-ideológica que fue psicoanalítica en esa oportunidad lo siga siendo. Por eso digo que debe ser estudiado.

Alumno: El duelo produce alegría, la melancolía está relacionada con el odio, ¿verdad?

Profesor: El duelo también. Yo odiaba al objeto amado por eso, ahora, sufro, en general sería así. Ese objeto odiado amado por identificación está en mí y sobre él descargo mi odio: perforo la úlcera o me clavo un puñal.

Estos maestros que estuvimos nombrando nos mostraron cómo no había mucha diferencia entra la psicosis y la neurosis, es un problema de la cantidad, problema poco estudiado. Siempre se planteó si había cualidad que diferenciara psicosis de neurosis. En cambio soy de la tendencia de que el problema es de cantidad, no de que sean dos procesos diferentes.

Yo diría con las mismas palabras, una riña celosa dice las mismas palabras que un brote paranoico celotípico, es decir, que una psicosis paranoica desencadenada por los celos y, que los celos de la riña celosa tienen que ver con la homosexualidad y los celos del brote psicótico tienen que ver con la homosexualidad. Es difícil pensar a estos procesos como procesos diferentes.

Hay clínicos psicoanalíticos que hablan de estructuras de fachada, que aconsejan no hacer diagnóstico hasta el séptimo u octavo mes, siempre hablando de cuatro sesiones semanales, en el sentido de que el paciente va a ir presentando fachadas de todas las enfermedades posibles y que, en realidad, la enfermedad no es ni una ni otra –aconsejan ellos– sino lo que en ellas se repite o lo que en ellas se fragmenta o equivoca.

De cualquier manera siempre es bueno poder diferenciar –por el discurso del paciente– si el paciente está viviendo un duelo normal o un duelo patológico que tendrá como desencadenante una psicosis maníaco depresiva, también es bueno poder discriminar en las entrevistas que se hacen, una histeria de una psicosis histérica.

La gente está enferma de melancolía y de epilepsia, por lo tanto un psicoanalista tiene que poder discriminar una epilepsia funcional, donde el éxito terapéutico con el psicoanálisis es rotundo, de las otras epilepsias que no se sabe muy bien qué son y que algunos psicoanalistas piensan que son también funcionales, pero que no se erradican con tratamiento psicoanalítico.

Úlceras, rinitis, granos en el culo están relacionadas con la clase de hoy, con un mecanismo tal que cuando se deriva para el cuerpo da epilepsia, enfermedad psicosomática, hipocondría y que, cuando se deriva a la inteligencia da melancolía, neurosis obsesiva, histeria.

La propuesta de escritura es porque no se puede aprender psicoanálisis sin psicoanalizarse, pero sin escribir es absolutamente imposible.

Es conveniente que empiecen a escribir, a cometer torpezas, es conveniente que sean corregidos, que se les mande a leer un libro aunque no sea el que ustedes habían elegido. Necesitamos ponernos a conversar de verdad sobre el campo psicoanalítico y sus proyecciones.

No está mal que ustedes empiecen de a poco a comprometer vuestra vida con vuestros propios escritos, así no se quejan más de nadie. Ya son grandes, es conveniente que empiecen con vuestras pequeñas palabras.

Si nadie los mata todos los chicos crecen.

Gracias, será hasta la próxima en que continuaremos con el tema.

IV

Claramente esta clase debería estar precedida, en el sentido de una más estricta formación, de una discusión teórico ideológica acerca de la neurosis y la psicosis, sus diferencias, sus similitudes, su modo de producción y a qué responden estas diferencias. Freud habla de los caracteres, la diferencia entre una esquizofrenia y un carácter esquizoide, un carácter histérico. Si entramos en este texto de Freud cuando hablamos del duelo y la melancolía, es el duelo como carácter y la melancolía como enfermedad. En tanto, podríamos decir que yo tengo un carácter esquizoide pero que llevo internados a varios psiquiatras, es decir, hay una diferencia entre el carácter esquizoide, la esquizoidia como modo y la esquizofrenia como enfermedad.

Con la histeria yo me animaría a graduarla más todavía, en tanto puede haber características aisladas de las formas histéricas formando parte del carácter o la personalidad, sin ser ésta histérica. Así una personalidad esquizoide puede instrumentar el mecanismo de seducción.

Después habría un carácter histérico en todos los exhibicionistas, artistas de teatro, cantores, psicólogos, psicoanalistas, que no sería enfermedad sino carácter histérico. La disociación instrumental, la represión de la sexualidad para poder hacer efectiva la instrumentación, la disociación y la dramatización, el espectáculo. La cosmética, el orden, características del carácter histérico.

Con orden me refiero al orden del cuerpo, pues nosotros sabemos que el orden de la mente corresponde al pensamiento obsesional al cual el hombre todavía no ha llegado, aunque yo mismo haya dicho que sí la clase pasada, que estábamos en el paranoico critico, pero pensando bien un verdadero pensamiento racionalista no ha dominado todavía el mundo.

Si en una Escuela de Psicoanálisis hay gente que está aún en 1895, en el universo tenemos que pensar que hay gente que está todavía en el paleolítico. La diferencia entre la histeria y el carácter histérico es que este último a veces da de aquello que promete o, a veces da de aquello que muestra en la dramatización. El problema de la histeria no es tanto que el paciente no llegue a cumplir con la promesa, sino que una verdadera histérica no llega a formularla.

La formulación de la promesa, su cumplimiento o no, está dentro del campo de lo que podríamos llamar la mitomanía, aunque en verdad tiene características histéricas, podríamos hablar de que existe una diferenciación en la producción de los efectos mitómanos.

La tristeza es un sentimiento que de tan generalizado casi nunca se registra. Es el sentimiento correspondiente cuando un escritor dice: todo encuentro con la verdad es un encuentro con la muerte. Es decir: la tristeza tiene un sujeto cuando una interpretación lleva a conocimiento de su conciencia que la existencia material del hombre es finita.

Sentimiento del cual parten todos los caminos de la creación, se trate de cualquier creación, pictórica, escritural o psicótica.

Digo que "en ese instante de comprensión" –de ese momento donde la verdad nos anuncia el límite–, en casi ninguna circunstancia se llega a sentir. De sentirse ese verdadero sentimiento de tristeza es un instante que produce una transformación en el sujeto. Lo que se ve es la prolongación de variadas maneras de este instante hasta transformarlo en locura, en duelo o en melancolía.

No es otra cosa que mi propia muerte lo que se me anuncia en la muerte del otro, no es otra cosa que el límite material a mi materia lo que se me anuncia cuando pierdo una cosa o persona o una representación de persona o cosa.

Sin tristeza es imposible el amor, por lo tanto, las defensoras acérrimas del amor tendrán que plantearse qué están defendiendo.

Si la tristeza tiene el inconveniente de no dejarse sentir porque es necesaria para ser, no sabemos para quien, si para el sistema de la lengua, para el sistema del inconsciente o para el sistema social es necesario que el hombre y la mujer se sigan sintiendo inmortales.

Este sentimiento, forjador de la dimensión del amor en tanto no podré dar lo que no tengo a quien no es, a menos que haya aceptado el límite que la muerte impone a mi existencia material, ya que el sentimiento de inmortalidad impide que alguien no tenga y, fundamentalmente impide que alguien no sea. Por lo tanto el sentimiento de inmortalidad al suprimir de la ecuación estos dos términos, impide a su vez el amor ya que no habrá quien no tenga para dar a quien no es, pues todos tendrán y todos serán.

La simpleza de escribir, por ejemplo, los signos de puntuación, ese punto final que da su sentido a toda la puntuación anterior: a las comas, a los puntos y comas, a los paréntesis, a los guiones, a los entreguiones, sólo cobran su sentido desde ese punto final. No hay sentido en una escritura sin punto final, porque sin él no hay abrochamiento de sentido. La escritura es la cristalización de la producción humana, por lo tanto no puede parecerse a ninguna otra cosa que a esa realización humana y esa realización humana tiene un límite y ese límite es material.

Una escritura sin doble espacio es una escritura que nos recuerda una vida en la que nada recuerda la muerte. Es una vida vacía de proyectos y, fundamentalmente sin sentido en tanto nadie puede abrochar un sentido humano sin aceptar el límite material impuesto a esta producción. El duelo y la melancolía nos plantean profundamente el proceso de la identificación. Veremos cómo no se trata de ninguna otra cosa que de un proceso de identificación tanto la restitución psicótica como el desencadenamiento de la psicosis, tanto la producción literaria como cualquier otro tipo de producción.

Proceso de identificación en el cual no hay humanidad y que antes de ser descripto producía los fenómenos de la sugestión y de la imitación.

Capítulo complejo que nos plantea realmente la diferencia entre psicosis y neurosis porque el duelo no es normal, es neurótico, es decir, si hay dolor por la muerte o la pérdida del otro quiere decir que hubo una transformación de mi yo debido al proceso de identificación y que una parte de mi yo ha quedado reducida como función a ser el otro. El duelo no es eterno. Ciertos sujetos pueden llegar a vivir, después del proceso de duelo de tal manera que, sin llegar a ningún estado melancólico, podemos llegar a reconocer un estado de permanente tristeza.

Quiere decir que el duelo no es normal, el duelo plantea le diferencia entre psicosis y neurosis pero no es normal ponerse a llorar por alguien que se muere. Está la elaboración maníaca del duelo que también es neurótica. Podríamos discutir si uno se puede salvar, como humano, de estos procesos; quizá no se puede salvar, pero uno ve que el humano sufre estos procesos si no hago una interpretación donde le muestre que él deseaba que se muriera el padre, está triste desde ahí hasta que se muere –recuerdo una persona que la llamábamos el triste–. El duelo es producto de deseos inconscientes no interpretados.

Cuando yo digo esta clase debería comenzar por una ubicación general ideológica acerca de la neurosis, la psicosis y acerca de la normalidad: ¿Tiene que hacer el amor o no tiene que hacer el amor una persona normal?; ¿Es neurótico no tener dinero para comprarse el pan?; ¿La eyaculación precoz es una enfermedad?; ¿La tristeza que me acompaña cuando me aumentan el sueldo es melancolía, es duelo?, ¿Por qué cuando me aumentan el sueldo y gano más que mi padre lo mato o es un sentimiento de culpa por algún crimen que cometí en mi infancia?

Duelo y Melancolía, lo que me propone al leer el título –en mi libro dice Aflicción y Melancolía–que me gusta más porque es Aflicción, Duelo y Melancolía en el castellano actual.

Duelo reservado a la muerte de personas y la aflicción reservada a la representación de la pérdida de personas y después, la melancolía que no se refiere a nada real, porque se puede desencadenar por la muerte de una persona querida o por la pérdida de un escapulario, o por un coito anal, tanto en mujeres como en hombres.

Estoy triste por lo que pasa en El Líbano, ¿qué tristeza es esa?, ¿o es una tristeza ideológica burguesa que impide sentir lo que se tiene que sentir frente a una matanza, frente a un agravio humano, frente a una explotación desmedida? Digo desmedida porque que haya explotación ya lo estamos aceptando, pero hablo de una explotación desmedida, una matanza extrema. Tal vez esa tristeza por el mundo que se pudre es donde oculto mi miseria, mi mezquindad, mi individualidad.

Después de tres años le digo al paciente que no por primera vez, después que hizo lo que quería: "¿Me da un cigarrillo?", le digo que no, evidentemente al paciente lo invade un sentimiento que si lo evaluamos con la ideología corriente podrá hacer trastabillar la interpretación, en tanto por el mismo motivo que llora el paciente que le dije que no, yo pienso que el llanto es una cosa que adviene porque algo malo se le ha hecho. En ese sentido hay metáfora, conjunción de pensamiento: él llora, pero yo creo que está mal haberlo hecho llorar. Fíjense como se plantea en ese primer no la relación entre la madre –diciéndole al niño que no se la puede follar porque ella es de papá– y el niño. En el sentido de que "no" desencadena en el otro una tristeza, un duelo, una melancolía.

Para no verte llorar porque tu llanto me recuerda, en todos los casos la muerte, te he comprado este ramo de flores. Es decir: para no verte llorar porque tu llanto me recuerda mi propia muerte –que es donde verdaderamente ese límite material reconocido nos separará, hijo mío–, haz lo que quieras, trasgrede la ley del incesto para que yo pueda seguir creyendo que soy inmortal.

Primero de todo habrá que sentir alguna diferencia en nuestra vida entre una tristeza improductiva y una tristeza creativa y, después, sumergirnos como con un instrumento de precisión, no dentro de las relaciones o las reacciones de lo que se supone triste, sino de nuestras propias reacciones frente a la tristeza porque ahí es donde se ejerce la represión.

La risa que elabora un chiste no es todavía una represión aunque sí, claramente, una sustitución, pero el oído que juzga la risa, ese oído puede reprimir.

Yo les propongo –le pido permiso a los coordinadores, al director, al vicedirector de la Escuela– el martes próximo nos reunimos y trabajamos tres horas en grupo para que ustedes hablen sobre este tema porque es fundamental que la Escuela sepa qué piensan ustedes de la tristeza, de los duelos, de la muerte, de la vida, del sexo.

Hacemos un grupo que yo coordinaré y veremos quién lo observa, quién se anima a colaborar conmigo en esa tarea. Hacemos un cierre con el tema de duelo y melancolía de esa manera. Los textos y clases que se recomiendan son:

Duelo y Melancolía.

Mas allá del principio del placer.

El yo y el ello.

El narcisismo.

Psicología de las masas.

Pregunta: Tu decías que sin tristeza es imposible el amor, otros autores llegan a la misma conclusión entendiendo la tristeza como un mecanismo de defensa a través del cual llora la pérdida del objeto y así mañana podré no acordarme de esa pérdida y podré amar, ser feliz.

Respuesta: Ese es un repudio al objeto, no hay tristeza. Para que haya tristeza tiene que haber aceptación de la pérdida futura, el futuro se precipita sobre mí en la tristeza: tiempo futuro anterior.

Me doy cuenta que mi existencia material es finita, tengo que aceptar que el objeto se perdió, pero para darme cuenta –ahí todavía no terminó el duelo– si no me planteo mi propia muerte no hay tristeza, hay duelo, hay melancolía.

Estoy hablando de la palabra tristeza, pienso en los grandes poetas de la historia de la poesía y esa palabra tristeza no se puede asemejar ni a duelo ni a melancolía.

Es interesante rescatarla en psicoanálisis porque Freud la rescata. En Freud se lee que hay un momento de verdad donde cae sobre nosotros el futuro para anunciarnos que nuestra vida tiene un límite.

En las especulaciones, no es ningún chiste cuando yo le digo a mis amigos que ya somos inmortales, después hay que ver si podemos vivir algunos años más.

Son dos campos diferentes, qué duda tengo yo de que mis libros se van a leer recién el siglo que viene si los alumnos de la Escuela no los han podido leer aún.

Si hacer el amor es normal, el tiempo de esa existencia material será diferente a si hacer el amor es anormal.

La máquina humana se desgasta igual que cualquier máquina y por el mismo mecanismo cuando produce una energía mayor que la necesaria para realizar el movimiento que realiza. Ese es el desgaste de la máquina, cuando se despliega, se genera una energía mayor que la necesaria para realizar el movimiento del cual se trata.

Si la energía que desarrollo es para hacer el amor con varias personas y termino masturbándome en el baño, hay desgaste de la máquina; no hay desgaste de la máquina cuando la energía que produzco es para masturbarme en el baño.

Cuando me siento a comer y pienso que me voy a comer un cerdo entero y apenas alcanzo a comerme la patita hay desgaste de la máquina. Engordo cuando me siento a comer la patita y me como todo el cerdo. Cuando me siento a comer el cerdo no engordo aunque me lo coma. Estas ideas provienen de casos clínicos, no puedo partir de estas premisas a las cuales llegué después de una producción de sentido.

Yo pienso, tanto los alumnos, como los profesores, como los coordinadores están generando una energía superior al movimiento que están generando, por lo tanto la máquina grupal de la Escuela se está desgastando.

Cuando indico que hagamos todos juntos un grupo sobre Duelo y Melancolía lo hago en el sentido de que nos tenemos que poner de acuerdo en que la existencia material del hombre es finita y quiero que nos pongamos de acuerdo en esto.

Exijo grupo operativo hasta final de año sobre Duelo y Melancolía y nuestra versión particular de cada uno sobre la tristeza.

Nos ponemos de acuerdo en que la existencia material del curso es finita, es decir, la existencia material del hombre es finito.

Todo tiene un final, todo termina. Esto llevado a las consecuencias lógicas de la razón y los consejeros espirituales, sacerdotes y psicoanalistas pobres de espíritu, lleva a que las personas se separen sin entender que todo tiene un final, todo termina.

Si entiendo que es así no tengo ninguna necesidad de separarme de nadie porque si todo tiene un final y todo termina, lo que él o ella era para mí en eso que termina, también termina. Por lo tanto aunque sigamos siendo los mismos es absolutamente imposible que viva aquello que fuimos.

La próxima clase, dentro del tema vamos a trabajar sin inhibiciones, yo como sigo trabajando el tema durante la semana si se me ocurren tres o cuatro páginas, vengo y lo digo. Si a ustedes les pasa lo mismo cuando nos encontremos una manera de abrir el grupo es que alguno de ustedes diga lo que se le ocurra sobre el tema, si no será psicoanalizada la falta de pertinencia. La pertenencia no hace falta psicoanalizarla porque eso se psicoanaliza al final, cuando ya no se pertenece. Cuando haya otros en nosotros podremos hablar de pertenencia.

La cooperación sabemos que no existe porque lo que existe, por ahora, es la envidia, la competencia, entonces no podemos psicoanalizar la cooperación. Lo que podemos psicoanalizar son los obstáculos que impiden una posible cooperación de nuestros pensamientos. Vamos a interpretar la impertinencia para aprender lo que es impertinente.

Tenemos que ir aceptando una complejidad diferente a la complejidad de la vida cotidiana. Por ejemplo, el rojo, ese color que en la realidad se diferencia tanto de los otros colores, el rojo para el psicoanálisis casi nunca lo es del todo y se puede llegar a confundir hasta con el negro.

Gracias, hasta la próxima reunión.

PONENCIA INAUGURAL

VI CONGRESO INTERNACIONAL
GRUPO CERO
LA DEPRESIÓN
UNA ENFERMEDAD SIN ROSTRO
1998

V

DIFERENCIA ENTRE SALUD Y ENFERMEDAD UN EJEMPLO: DUELO Y MELANCOLÍA

He preparado quince intervenciones para hablarles de la dificultad en la cual me veo. Por ejemplo un pequeño paréntesis, nunca me gustó dar las conferencias inaugurales de los Congresos porque es el momento del Congreso donde hay menos gente, siempre pasa lo mismo, son a las 10 de la mañana. A mí me gustaría dar la ponencia inaugural a las 8 de la noche, pero nunca, nunca tuve esa suerte, siempre envidio a mis discípulos que con eso de que son más jóvenes hablan a las 8 de la noche. Una de las ponencias que seguramente voy a publicar en alguna revista, que no voy a tratar hoy, era una ponencia donde de una manera brillante, saliéndome de mi capacidad como escritor había preparado, una conferencia de ocho páginas donde ustedes no entendían absolutamente nada y yo quedaba bien; esa era una. Después preparé otra conferencia donde yo hablaba de los pacientes con cierto grado de depresión o melancolía que yo había tratado a lo largo de los 30 años que llevo de ejercicio, bueno por decir una cifra, creo que son más de 30 años, serían 30 años si hubiera empezado a los 27 y a los 27 ya era director del Grupo Cero.

Otro paréntesis, recordé un médico que hizo un tratamiento para los chicos que se meaban en la cama. Era genial el tratamiento, el señor tenía el cien por cien de curación ¿qué hacía? Fácil. Se meaba un chico a las dos de la mañana y se levantaba a las dos de la mañana y le cambiaba las sábanas, se meaba un chico a las tres y media de la mañana, porque tenía varios chicos en un hospital, y le cambiaba las sábanas. Todos los chicos se curaban, el 100 por 100 de curación, es decir, a lo largo de dos o tres meses, el niño no se meaba más. Entonces quiso hacer de esto un método terapéutico y hubo una década donde todos los médicos y todas las enfermeras se levantaban a cambiarle las sábanas a los chicos y los chicos se seguían meando.

El método, la cura, tiene que ver con el curador. No quiero ilusionarlos pero hasta los antibióticos según quién los receta hacen o no hacen el efecto para lo cual están encomendados. Los antibióticos, que supuestamente antibióticos... ¿no doctora? Los medicamentos se pierden en la mente del paciente, los consejos los médico se pierden en la mente del paciente, es decir, la existencia del pensamiento inconsciente hace lábil cualquier cuestión que tenga que ver con el ser humano. La propia locura tan denostada y perseguida y tan mal entendida, anida en cualquiera de vosotros. A veces a la mañana temprano cuando os levantáis lo primero que hacen es rechazar, forcluir, el Nombre del Padre. Se mira al espejo y se dice: este mundo es una mierda. Una frase común de todos los días, que usted habrá dicho ayer y usted habrá dicho antes de ayer, usted vaya a saber si la dijo esta mañana por la cara que tiene. Ahí nos pasa lo mismo que pasa al loco, al psicótico, ahí es cuando pensamos que no provenimos de una mujer y un hombre, ahí es cuando pensamos que somos inmortales. Todas las cosas que le pasan al psicótico por padecer de los padecimientos que padece, por lo tanto, a pesar de que estaba en un paréntesis y enojado porque estaba dando la ponencia inaugural a las diez de la mañana cuando realmente a las diez de la mañana debería estar trabajando, pero sin embargo he entrado en la cuestión de la salud y la enfermedad. Con la presencia del concepto inconsciente también se hacen lábiles, es decir, es muy complejo determinar el límite entre la salud y la enfermedad. Tan complejo es y yo sé que hay psicoanalistas y hasta los podrán nombrar, que diagnostican a sus pacientes en las primeras entrevistas, pero nosotros sabemos que en psicoanálisis el diagnóstico se realiza a la culminación del tratamiento, es decir, cuando concluye el tratamiento el psicoanalista dice: He atendido, he tenido bajo tratamiento psicoanalítico a fulana de tal que padecía de fenómenos histéricos en tales y tales ocasiones, que se relacionaba de manera obsesiva con el padre; un leve toque paronóico de su personalidad permitió que escapara a Bulgaria a la persecución de la mujer eslava. Al finalizar el tratamiento, al finalizar el tratamiento, al finalizar... estaba hablando de ustedes que llegan tarde a las conferencias inaugurales y entonces normalmente en la conferencia inaugural que es una conferencia importante hay menos público, estaba hablando de ustedes.

Para los más inteligentes yo he planteado un problema, yo leeré después las páginas que preparé para ustedes, es decir, espero que alguno tome este problema y me gustaría que lo discutamos, problema del límite absolutamente fantasmal, precisamente fantasmal, que es lo que hace la escucha.

Un psicoanalista escucha, bueno fue lo primero que me pasó cuando entré en el campo, es decir, el psicoanalista con el cual yo supervisaba me dice: te envío una paciente un poco nerviosa. Yo la comencé a ver y realmente era una mujer, no era una chica, era una mujer, era mayor que yo, en aquella época, era una mujer muy nerviosa que había estado en tratamiento psiquiátrico, que ahora estaba internada en una clínica psiquiátrica con el diagnóstico de esquizofrenia paranoide. Como el supervisor me la mandó como una chica nerviosa, a mí no me parecía nerviosa. Yo no voy a decir que era un genio cuando era joven, yo era tan estúpido como ustedes, es decir, que yo también creía que la persona esa estaba un poco loca y que el supervisor me había metido un paquete encima, enviándome a una chica nerviosa cuando en realidad yo no sabía atender a nadie y me había mandado un paciente psicótico de internación. Yo pensaba así, pero, sin embargo, obediente a la consigna del supervisor, yo empecé a escucharle... Bueno, era una gran poeta, era una gran poeta mal tratada por la psiquiatría, como después demostró, con los tres libros que publicó durante el tratamiento. Lo único que había cambiado no era ni siquiera mi escucha, porque yo era el que la tenía ahí, peleaba con ella y luchaba, mi escucha ni siquiera había cambiado, había cambiado la escucha de mi supervisor. Mi supervisor era el que pensaba que esta paciente no estaba loca y eso, esa escucha del supervisor era lo que había modificado la conducta y la vida de la paciente. Evidentemente yo estoy metido en el cuento porque yo después, por haberme comportado de esa manera tan plástica, tratando a una paciente no como si fuera yo, con las cosas que yo pensaba, sino con las cosas que pensaba mi supervisor, terminé siendo psicoanalista.

Les acabo de plantear la absoluta necesidad de una cadena de transmisión para que existan los psicoanalistas. Es decir, que sin una Escuela de Psicoanálisis se nos hace casi imposible pensar la existencia de psicoanalistas. Planteé dos problemas. Planteé la debilidad de los conceptos de salud y enfermedad y planteé que para poder curar alguna enfermedad mediante el método psicoanalítico lo más importante es la formación del psicoanalista. Ni siquiera lo que el psicoanalista piensa o cree, sino lo que piensa y cree la Escuela a la cual pertenece. Yo sé que es una cosa compleja. El resultado final de haber hecho quince exposiciones, que después les voy a demostrar que las hice, porque las van a ir leyendo a medida que las vaya publicando, decidí que en Duelo y Melancolía Freud era el que mejor había hecho las cosas, quiero decir que después de quererme independizar, después de querer aparecer frente a ustedes como si yo fuera el inventor de algo, Freud me convenció que en esto de la depresión él tiene la última palabra, por lo tanto en realidad esto no va a ser ni siquiera una conferencia, sino que va a ser un apunte que he hecho del texto de Freud, Duelo y Melancolía, para que ese texto rija todo el Congreso, esto no es ninguna indicación sino que es la expresión de un miserable, pequeño, estúpido deseo inconsciente. Diferencias entre salud y enfermedad. Un ejemplo: Duelo y Melancolía.

Escribir estas páginas que espero puedan ser el Acto que abra sin más el VI Congreso Internacional del Grupo Cero, La Depresión –una enfermedad sin rostro–, me ha llevado 40 años. Esta Conferencia la comencé a escribir exactamente en el año 1958, año del comienzo de mi propio psicoanálisis, momento de mi primera depresión, al darme cuenta que no eran mis funciones cerebrales más inteligentes las que gobernaban mi vida sino que mi vida era gobernada por sencillas certezas inconscientes, pequeñas equivocaciones, gestos para nada sobresalientes, afectos absolutamente inútiles, sueños efímeros, amores sencillos, deseos, simples deseos inconscientes. Ya en esa época comencé a pensar que el duelo por las situaciones de cambio era necesario y nunca alcanzaba el grado de enfermedad y que la tristeza era un sentimiento que bien llevado se abría sin más a la libertad del pensamiento. La angustia, la tristeza, a veces el dolor, no eran sino condimentos normales de toda vida interesante, de todo momento de creación, también me enseñaban por otro lado que la tristeza, la angustia, el dolor llevaban en ocasiones a la mutilación, a la enfermedad, a la muerte.

Mecanismos psíquicos normales, presentes en todos los seres humanos, llevaban en un caso al amor y en otros a la muerte, en un caso a la estupidez, en la cual nos sume cualquier enfermedad mental y en otro al sublime estado de la creación. En el orgasmo feliz o en la negativa impotencia, anidan los mismos afectos: tristeza, angustia, dolor.

Freud nos dice, para sostener estas palabras que yo digo tanto tiempo después, las múltiples analogías del cuadro de la melancolía, con el de la aflicción o duelo, justificando un estudio paralelo de ambos estados. Es decir, que Freud, pensaba que por el mismo mecanismo que una persona normal elaboraba la muerte de un ser querido, con los mecanismos parecidos a estos, se instalaba de golpe sin saber por qué una verdadera enfermedad, en tanto el duelo, como ustedes saben cuando uno puede elaborar, es decir, sustituir a la persona amada perdida, hay una reparación total del yo, es decir, el yo no queda con ningún defecto de haber padecido la situación de duelo. Freud decía que es un mecanismo normal, a nadie se le ocurre dice, después lo voy a decir, pero lo digo, así se repite, a nadie se le ocurre mandar a un afligido al médico, a nadie se le ocurre pensar que a una persona que se le acaba de morir un ser querido y está llorando, a nadie se le ocurre decir: vaya a ver al psicoterapeuta, vaya a ver al psicoanalista, o vaya al psiquiatra. Y además con motivo, dice Freud, porque mal le hacemos al afligido al entorpecer su afligimiento, es decir, que el duelo no debe entorpecerse. En cambio por los mismos mecanismos y frente también a la pérdida de una persona amada se instala a veces, dice Freud, la melancolía, una enfermedad terrible, mutiladora.

También me quisiera detener en las palabras, en una frase de las palabras del doctor Chacón en ese sentido de que él dice que no cree, o él no ha verificado que sea el 50 por ciento de la población, y eso es muy interesante, porque es muy discutible en el sentido de que es cierto, en el diagnóstico no, pero en la producción, en la etiopatogenia del 70 por ciento de las enfermedades sí, es decir, a ver si podemos entenderlo, no es que cuando yo reviso al canceroso está deprimido, está canceroso, lo que pasa que profundizando en la etiopatogenia del cáncer está la depresión, es decir sin depresión previa no hay cáncer, no hay infarto de miocardio. Todas las personas, ya están hechos los estudios, Estados Unidos, Argentina, Méjico, ya están hechos los estudios, él trajo los estudios de Estados Unidos, todos los enfermos que se mueren de infarto antes de los 45 años, el motivo, el único motivo, es la depresión. No hay trastornos vasculares, no hay ateroma, no hay nada, no hay nada de lo que produce el infarto en una persona mayor de 45 años. Uno se lo puede creer esto o no se lo puede creer. Cuál sería la manera de creérselo, la manera de creérselo es comenzar realmente, cosa que es absolutamente imposible, no me miren con esta cara, una campaña de prevención de la depresión. No del cáncer, del SIDA o de las enfermedades, sino de la depresión. Y veríamos asombrados o asombradísimos, la disminución radical, no sólo de los accidentes de trabajo sino de los infartos de miocardio y de los cánceres. Además el cáncer hace más de 50 años que se está investigando, su relación con el sujeto psíquico, más que con el sujeto biológico. Yo sé que hay neurólogos en la sala. Un gran tumor devastador del cerebro, uno de ellos por lo menos aceptado por los neurólogos, sólo se produce frente a una catástrofe anímica, si me equivoco por favor me ayudan, el glioblastoma. Aprovechen esta oportunidad para rastrear el mecanismo, los síntomas de la depresión.

Cierto grado de inapetencia sexual, cierto grado de insomnio, cierto grado de desprecio por las personas iguales, ciertas fantasías de empobrecimiento, de ruina, de catástrofe, bueno, todos esos son síntomas melancólicos, entonces ya no sería el 50 por ciento de la población, según Freud el 89 por ciento de la población padecería de depresión. ¿Quién no tiene hoy miedo a empobrecerse? Bueno, eso es un síntoma de la depresión.

Tengo explicaciones, yo sé que a ustedes les interesa aunque al final termine no dando la conferencia pero es muy interesante porque nosotros hace 30 años, cuando nosotros hacíamos esas cosas socio-lógicas que no deben hacerse pero que los intelectuales hacemos, cuando pensábamos que el mundo era neurótico obsesivo, por el pro-blema que tenía y realmente, todos los pensadores eran obsesivos, eran racionalistas. Así como cuando Freud comenzó sus investiga-ciones, la enfermedad psíquica era la histeria, después vino como un desmadre sexual y detrás del desmadre sexual, la culpa melancólica de haber deseado o haber participado en la desaparición del objeto amoroso.

Hemos perdido casi todos los ideales, en esta parte del siglo, hemos perdido todos los objetos amorosos, porque si usted era de de-rechas ya no puede haber más revolución de derechas y si usted era de izquierdas ya no puede haber más revolución de izquierdas y si usted era cristiano ya no puede haber revolución cristiana y si usted era verde le van a terminar metiendo un árbol por el culo, pero no hay revolución del obrero. No hay cristianismo, no hay feminismo, fracaso del feminismo, por lo tanto, no le demos más vueltas, estamos deprimidos, históricamente hablando. Ahora van a hacer una guerra, están por hacer una guerra, nos quieren convencer que los chicos nor-teamericanos son más lindos que los chicos irakíes, y nos van a con-vencer de eso, estamos todos convencidos, es decir, ya existe, somos todos racistas, nos hacen creer que existe lo bueno y lo malo, que hay seres humanos que merecen el castigo y hay seres humanos que me-recen la gloria. Estamos deprimidos, nos han quitado todos los valo-res, no tenemos cómo sustituirlos, Freud nos dice ¿Qué le pasa al melancólico? ¿Por qué el duelo es normal y la melancolía es patológica? Porque el melancólico no puede sustituir, no puede sustituir.

El duelo: se murió el ser querido y yo puedo creer que todo es gris, la realidad es gris, todo es gris, pero la vida me va mostrando que el objeto amado no está en la realidad, no está en la realidad, no está en la realidad y entonces yo voy aceptando. Yo soy una persona, voy aceptando que no está en la realidad, entonces despacito voy conociendo una persona, de golpe veo que alguien se ríe como ella. Ya empecé a cambiar, ya empecé a sustituir, es decir, ¿qué me saca del duelo?, un enamoramiento, así de sencillo.

En la melancolía no, no tengo la capacidad de sustitución, tengo la capacidad de sustitución abolida, entonces como no puedo sustituir a la persona amada que se fue, y esto es una genialidad de Freud, me identifico con ella, me transformo en la persona que se fue, entonces la persona no se fue. ¿Pueden entender lo maravilloso que es esto? Entonces ¿qué hago ahora cuando ya estoy identificado con la persona?

Puede llegar a suicidarse. Puede llegar a suicidarse porque no es a él a quien mata sino que es a la persona amada que lo ha abandonado. Freud dice, sólo es posible matarse si me confundo con otra persona, que no existe el suicidio, sólo es posible matarme si me confundo con otra persona. Yo he tenido muchos maestros pero uno de los que reconozco como maestro, el doctor Pichón Riviére, cuando puso un Instituto de atención al suicida, cuando el suicida llamaba por teléfono al Instituto, Pichón Riviére le preguntaba: ¿a quién quiere matar? Esto producía que el paciente en lugar de matarse fuera a la consulta a comenzar su tratamiento psicológico, psicoanalítico.

El depresivo, es un asesino, no un suicida, es un asesino, porque cuando intenta, lastimarse o matarse, está lastimando o matando al objeto amoroso que lo ha abandonado. Es un estado de ánimo profundamente doloroso, para que se vayan identificando, cesación del interés por el mundo exterior. Cuando veo al paciente al borde de la ruina psicológica, la cesación del interés por el mundo exterior se ve, es evidente. Pero en cualquiera de nosotros, cuando nos enamoramos grandemente de una persona, pensamos que el mundo somos ella y yo. En ese momento padecemos de la cesación del interés por el mundo exterior, hasta nos dejan de gustar las películas, los vecinos nos parecen torpes, los otros enamorados descarriados. Por ejemplo en ese momento se produce en nosotros la cesación del interés por el mundo exterior y la pérdida de la capacidad de amar. La pérdida de la capacidad de amar que es un síntoma melancólico por excelencia, es algo del padecimiento común, en tanto la gente dice que tiene muchos problemas para el amor y cuando se enamora se enamora de una sola persona, es decir de la madre, por lo tanto sigue teniendo problemas para amar. La pérdida de la capacidad de amar y por último la inhibición de todas las funciones normales, pudiendo llegar a haber una torpeza hasta para los movimientos más cotidianos: caminar, hablar.

Público: El borde ese, ese pasaje entre salud y enfermedad es permanente porque antes marcó que el enamoramiento podía sacar a una persona del duelo, pero ahora está marcándolo como otra especie de locura.

Miguel Oscar Menassa: El enamoramiento puede sacar a una persona del duelo, es como sale del duelo, sustituyendo al objeto amoroso por otro objeto amoroso, si no, no saldría del duelo. Lo que pasa es que el objeto amoroso puede ser una persona o no, pueden ser viajes, por eso que algunos psiquiatras recomiendan viajes y el que está en duelo cuando vuelve del viaje vuelve bien. Ayer casualmente una persona me llamó para decirme: yo me deprimí, como soy agente de turismo, me mandaron a viajar y viajé y cuando volví a los tres meses, me encontraba bien. En lugar de estar aguantando a la familia, viajando tres meses por allá y por acá, hasta yo salgo de la depresión. Sobre todo cuando la depresión es normal, cuando la depresión es un duelo. Freud hace una puntualización maravillosa, en el duelo normal la pérdida es consciente, se me murió mi papá, me abandonó mi mujer, en cambio cuando hay melancolía, cuando hay depresión, con la pérdida el paciente no sabe lo que perdió, y si sabe lo que perdió no sabe qué perdió con lo que perdió, es decir, actuación inconsciente. En el duelo la elaboración es inconsciente, pero en el duelo yo sé lo que me pasa, el mundo es gris porque se ha muerto mi enamorada, no que el mundo sea gris. A ver si pueden entender, una persona normal en duelo no cree que el mundo sea gris, sabe que lo ve gris porque ha muerto su enamorada, ven que es diferente; su mirada es gris. No es un loco, un loco ve el mundo gris y dice «el mundo es gris», la persona en duelo no, la persona en duelo sabe que existen los colores, no existen para él, su mirada está nublada por el llanto. Llegamos a algo fundamental para poder discriminar el diagnóstico diferencial entre la salud y la enfermedad en el caso de la depresión, en el duelo jamás hay disminución del amor propio, en el duelo normal jamás hay disminución del amor propio. ¿Por qué? Porque en el duelo normal no existe la fantasía de haber intervenido en la pérdida, en el duelo normal, es una desgracia que me pasó, no es algo que yo haya provocado, es una desgracia, es un acontecimiento- la muerte de alguien, el alejamiento de una persona. Entonces nunca necesito desvalorizarme, nunca necesito autodespreciarme. Una característica esencial de la melancolía, de la depresión patológica, es la disminución del amor propio, esto que nunca ocurre en la aflicción. Se traduce en reproches, acusaciones de que el paciente se hace objeto a sí mismo y puede llegar incluso a una delirante espera de castigo, incluso la muerte.

Como espero que estemos todos de acuerdo que los únicos que pueden suicidarse son los melancólicos, ningún histérico se suicida, ningún paranoico se suicida. Esto lo sabían los psiquiatras clásicos, la recomendación del electroshock en la melancolía era contra el suicidio, ellos sabían que el melancólico librado al azar de su enfermedad terminaba suicidándose, entonces la aplicación (no vayan diciendo por ahí ahora que estoy de acuerdo con la aplicación...) la aplicación del electroshock hace 200 años era porque ellos percibían que interponían algo en el camino directo de la melancolía que era el suicidio. ¿Desde dónde partían? De esa condición de la disminución del amor propio, reproches, acusaciones. Puede llegar incluso a una delirante espera de castigo, incluso a la muerte.

En el duelo dice Freud, en el duelo normal, el examen de la realidad ha mostrado que el objeto amado no existe ya y demanda que la libido abandone todas las relaciones con el mundo. En el duelo lo normal es que el respeto a la realidad obtenga su victoria. Pero su mandato no puede ser llevado a cabo inmediatamente, ha de ser realizado de un modo paulatino, con gran gasto de energía psíquica, de esa manera el sujeto prolonga la existencia psíquica del objeto perdido. Mantengo la presencia del objeto perdido pero en la medida que lo voy perdiendo, en la medida que voy aceptando que no está en la realidad, prolongando el proceso de separación prolongo la vida del objeto abandonado. Estos ejemplos, lo que acabo de decir, se ejemplifica en la transmisión del psicoanálisis, algo que les pasa a ustedes muy a menudo cuando se supone pasar de una posición a otra posición, más cercana a la de psicoanalista en los procesos de formación, es decir que cada vez que un psicoanalista acontece en una interpretación, en un tiempo, en una situación grupal, institucional, donde se va a acercar a la posición de poder ejercer como psicoanalista prolonga la aceptación de dicho cambio. Lo mismo que cuando se muere una persona amada, la realidad me vence, me dice: usted ha perdido, el objeto amado no está en la realidad, yo lo sé, pero lentamente y con un gran gasto de energía voy aceptándolo mientras tanto prolongo la estancia viva del objeto.

En los procesos de formación la realidad me indica que ya no soy el que era, sin embargo puedo pasarme años tratando de elaborar la nueva situación para que se prolongue mi estado anterior, es decir, cuando yo era un estúpido, cuando yo era un niño, cuando yo tomaba la teta, cuando yo estaba en brazos de mi madre. Por eso es absolutamente necesario que un psicoanalista continúe su psicoanálisis, es decir, que para poder entender la enfermedad en psicoanálisis, hay que entender que el sujeto nunca abandona lo que consigue y cuando lo abandona, lo abandona con un gran gasto energético, que ésa es la enfermedad.

A ver si pueden entender, ni siquiera lo que me hace mal, bueno, todo el día se escucha: «no sé qué hago con este hombre», «no sé qué hago con esta mujer», «no sé qué hago con este trabajo». ¿Lo escuchan o no lo escuchan? Bueno, está ocurriendo eso. Evidentemente al final de la labor del duelo o aflicción vuelve a quedar el yo libre y exento de toda inhibición. La depresión en una serie de casos constituye también una reacción a la pérdida de un objeto amado dice Freud, en la melancolía, una enfermedad, también pasa como en el duelo, pero otras veces dice Freud, observamos que la pérdida es de naturaleza más ideal. Es muy difícil hacer un duelo normal por la pérdida de un ideal, en cambio es más fácil, el objeto no ha muerto dice, pero ha quedado perdido como objeto erótico.

En el caso de la novia abandonada o el candidato a psicoanalista, que llevado por los avatares de su formación debe cambiar de supervisor o de psicoanalista, y así como la novia abandonada puede llegar al suicidio, el candidato, candidata también, pueden dar por finalizada su carrera por la imposibilidad de sustituir el objeto amoroso.

Además Freud hace hincapié en que la única salud psíquica posible, diferencia entre salud y enfermedad, es que el sano, psíquicamente hablando, tiene la capacidad de sustituir un objeto amoroso por otro objeto amoroso y por otro objeto amoroso, un ideal de vida por otro ideal de vida, por otro ideal de vida, por otro ideal de vida. Hay una ética. O vamos a esperar, hablando de nuestra propia enfermedad, vamos a esperar ya sin insultar a nadie, que los Estados Unidos de Norteamérica, o que la Unión Europea a la cual pertenecemos o que la reunión de los Países Árabes, desgraciados y unidos, resuelvan el problema ético que les ha planteado la humanidad este siglo. Viviríamos sin ética, moriríamos sin ética, si dejamos que el Estado resuelva el problema que ha creado al hombre. El hombre tiene que poder resolver el problema que el Estado le ha creado. Tenemos que poder generar una ética, estamos sin ética y no se puede vivir sin ética. Ni los griegos vivían sin ética. Este problema del planteamiento de que no hay ideales, no hay utopías, no hay utopías… No se puede vivir sin utopías, hay que generar utopías, hay que generar sueños. Me van a decir, más sueños todavía, no. Es que lo que tenemos no son sueños, son realidades oscuras.

En muchas depresiones no solemos distinguir claramente lo que el sujeto ha perdido, algo ha perdido pero no sabe qué. A veces el paciente sabe a quién ha perdido pero no lo que con él ha perdido. Ejemplo: se muere la madre del paciente, el paciente en apariencia hace un duelo normal en el sentido de que llora, está unos días triste, esto, lo otro. El paciente pierde a su madre y hace como una tristeza pequeña, aparentemente elabora el duelo, va a trabajar vuelve de trabajar, vuelve a tener relaciones con su mujer, sale va por la calle Princesa con los hijos. Y un día pierde el camafeo donde estaba la fotografía de su mamá y ahí se instala en él una melancolía. El paciente sabe lo que perdió, va al médico y le dice perdí el camafeo. No, ese día de la pérdida de la fotografía de la mamá, acaba de morir la mamá, ese día, no el día que murió la mamá sino el día que él perdió el camafeo, es decir a veces ciertos objetos de ciertos seres amados, y esto sí les pasó a todos, son más importantes que los objetos amados. El doctor guarda en un cajón de su escritorio un pañuelito de seda bordado con las iniciales «Peti te amo» sin embargo Peti ya no está más en su vida, pero el pañuelito sí, bueno cuando pierda el pañuelito verá lo que perdió cuando perdió a aquella mujer. La mujer, el amor, el hombre también, les puede pasar con un hombre también, el hombre queda embalsamado en el pañuelito, embalsamado en la fotografía. Ustedes se dan cuenta que cuesta menos trabajo ir con una fotografía en el bolsillo que con una mujer colgada del brazo. Es más barato.

Creyendo que hace una economía psíquica ha tomado el camino de la enfermedad, que generalmente ocurre así, en todos los ahorristas. Todos los que ahorran energía psíquica terminan en el hospital. La energía psíquica está hecha para ser gastada, el deseo está permanentemente en actividad, cuando deja de estar en actividad el deseo, morimos, por lo tanto la enfermedad es cada vez que yo detengo el funcionamiento del deseo, que no se detiene, es decir, los intentos de detener la producción... (Entran tres congresistas) estuvimos hablando toda la mañana de ustedes tres ¡qué suerte! En serio, ellos nunca lo sabrán, porque cómo se lo explicamos, imposible. Eso de que el paciente sabe lo que ha perdido pero no lo que perdió con eso que perdió, debemos entonces relacionar la melancolía dice Freud con una pérdida de objeto sustraída a la conciencia, y ésta es la segunda diferencia importante con el duelo, en el cual nada de lo que respecta a la pérdida es inconsciente, la inhibición melancólica nos ofrece una impresión enigmática.

En el duelo el mundo aparece desierto, empobrecido frente a los ojos del sujeto, en el duelo normal. En la melancolía es el yo lo que ofrece estos rasgos a la consideración del paciente, el paciente nos describe su yo como indigno de estimación, incapaz de rendimiento valioso alguno y moralmente condenable, son tres cosas que ustedes sienten en los pasillos de la institución... indigno de estimación (el profesor no me quiere), incapaz de rendimiento valioso alguno (la ponencia que voy a dar no sirve), y moralmente condenable (porque me copié de un libro y de otro libro). Se dirige amargos reproches el paciente, se insulta y espera la repulsa y el castigo, por eso que tienen un alivio cuando alguien los castiga. Si él no me besa, todavía no siento nada, pero si él me dice que no me besa por lo que le hice anteanoche, siento un alivio de ese castigo, leve en realidad, por aquella falta cometida. El cuadro se completa y aquí entramos casi todos, con insomnios, inapetencias y un sojuzgamiento total casi total de las funciones sexuales, el paciente es realmente tan incapaz de amor, de interés y rendimiento como dice, pero todo esto es secundario dice Freud, y constituye un resultado de la ignorada labor que devora a su yo.

Es decir que toda la sintomatología que es considerada como la sintomatología de la depresión, de la melancolía, Freud dice: pero todo esto es secundario y constituye un resultado de la ignorada labor que devora a su yo. Y, por último, comprobamos que el melancólico no se conduce como un individuo normal, agobiado por los remordimientos, carece en efecto de todo pudor, más bien tiene deseo de comunicar a todo el mundo sus propios defectos. Observen que no es normal, como si en este rebajamiento hallara una satisfacción, es decir, es tanto el interés que el melancólico pone en denigrarse, en insultarse y en reprocharse que Freud sospecha, que en este rebajamiento encuentra el paciente un goce, un placer. ¿Entendieron esto? Carece en efecto de todo pudor, como esos candidatos que tratan de que sus defectos de formación sean compartidos. Ven que no tienen pudor por sus defectos, son melancólicos. El melancólico entonces ha sufrido la pérdida de un objeto igual que en el duelo, pero en sus manifestaciones, de lo que el paciente nos dice, inferimos que la pérdida del objeto ha tenido objeto en su propio yo. No ha perdido un objeto como decíamos antes sino que ha perdido una parte de su yo. ¿Cuál parte? Aquella parte del yo donde por identificación se constituye el objeto perdido, esa parte queda perdida del yo, entonces lo que antes era el conflicto entre la persona amada y el yo, ahora es el conflicto entre el yo y la parte modificada por identificación.

Proceso de identificación donde el yo contra el yo, como si fuera el objeto, alguien a quien el paciente ama, ha amado o debía amar. Los reproches con los que el enfermo se abruma corresponden a otra persona. Por eso es que no tiene remordimientos, cuando dice soy un inútil, no habla de ella, habla de él, cuando dice soy una persona muy mala, no habla de ella habla de él. ¿Entienden la maravillosa explicación de por qué un depresivo puede suicidarse? Puede suicidarse porque no se mata a él mismo, mata al objeto. Sus lamentos, sus acusaciones, no se avergüenzan ni se ocultan, porque todo lo malo que dicen de sí mismos se refiere en realidad a otra persona.

Freud aprovecha una vez más para recordamos que la salud psíquica tiene que ver con la capacidad de sustitución, casi totalmente anulada en la melancolía. Al no poder sustituir el objeto perdido, la libido es retraída al yo para establecer una identificación del yo con el objeto perdido y entonces Freud dice «la sombra del objeto ha caído sobre el yo». «La sombra del objeto ha caído sobre el yo», ha empobrecido el yo. En lugar de aceptar que lo perdí, lo conservo pero a costa de ensombrecer mi yo, a costa de perder parte de mis atributos. De este modo se transformó la pérdida de objeto en una pérdida del yo... y el conflicto entre el yo y la persona amada es una discordia entre el yo y la parte modificada del yo por identificación.

Y aquí Freud nos da una clave, ya para terminar, de la relación sociológica que hicimos en un momento de la conversación, cuando dijimos que antes éramos neuróticos obsesivos y que ahora somos depresivos, bueno Freud dice que ahí donde está la neurosis obsesiva, haber deseado la pérdida del objeto amado e incluso ser culpable de ella, el tormento indudablemente placiente que el melancólico se inflige a sí mismo significa la satisfacción de tendencias sádicas, es decir, que cuando él intenta suicidarse, en realidad no es masoquista, es sádico, está tratando de hacerle daño a alguien, orientadas a un objeto pero retrotraídas al yo por el mecanismo de identificación, en realidad él odia a la persona que lo abandona, pero como la persona que lo abandona es él, entonces el autocastigo, el autoreproche. De este modo la carga erótica del melancólico experimenta un doble destino, una parte de ella retrocede hasta la identificación como hemos visto y la otra se detiene en el sadismo, bajo el influjo de la ambivalencia, es decir, la ambivalencia, esa persona que yo amaba pero que a la vez deseaba que se muriera. Y esto es muy fácil, un adolescente, se le muere el padre, dentro de quince días y hace quince días el padre dijo que no podía ir a veranear a Galicia y el chico dijo, "por qué no se muere", en voz baja...

Ese chico está bajo el influjo de la ambivalencia. El amante que frente a una pelea con la mujer o con el hombre le dice «no te quiero ver más» y ella desaparece, por lo tanto «no te quiero ver más». Una frase que yo he pronunciado es responsable de que el objeto haya desaparecido, estoy en el estado de ambivalencia. Es decir que estar en el estado de ambivalencia es una cosa muy sencilla, no es tan complicado. Este sadismo nos aclara el enigma de la tendencia al suicidio que tan interesante y tan peligrosa hace a la melancolía, el yo sólo puede darse muerte cuando se le hace posible tratarse a sí mismo como si fuera el objeto. Por eso que siempre es efectivo, aun en el caso de los candidatos a psicoanalistas, preguntarle al suicida ¿a quién quiere matar? Muchas gracias.

Este es el único momento que me pueden hacer preguntas de todo el Congreso porque después no es a mí a quien tienen que hacerle preguntas.

Público: El melancólico se refiere a algo perdido o solamente se refiere a...

Miguel Oscar Menassa: No, no, sabe lo que ha perdido pero no lo que ha perdido con eso que ha perdido... El desarrollo de los procesos inconscientes, la enfermedad psíquica no existe bajo el control de la conciencia, es decir, que todo aquello que yo puedo pensar no me puede enfermar; para que haya enfermedad psíquica tenemos que aceptar la presencia del inconsciente, eso es lo dificultoso, la gente dice, y entonces cómo hacemos para... Nada de lo que pueda pensar conscientemente, a ver si podemos entender esto, que yo le podía dar una receta ahora para tranquilizarles, pero es que no la tengo, la receta es la aceptación plena de la existencia material de inconsciente, es decir, cada vez que dos personas se ponen a hablar, está presente el inconsciente, esa es la receta, la receta es tener en cuenta el inconsciente, así como se tienen en cuenta los factores biológicos, endógenos, climáticos; nada más, no pedimos más, alcanzaría con tener en cuenta el inconsciente como se tienen en cuenta los otros factores que coadyuvan a toda enfermedad.

Público: Yo quería preguntar. Dijo al principio de la ponencia que el diagnóstico debía hacerse al final del tratamiento, entonces, ¿esto significa que la técnica que se aplica es la misma para cualquier tipo de enfermo o se va modificando la técnica?

Miguel Oscar Menassa: Usted trajo algo fundamental, el método psicoanalítico siempre es el método de interpretación, se trate de lo que se trate, se trate de una enfermedad, se trate de otra enfermedad, se trate de un texto, porque también la teoría psicoanalítica progresa por interpretación, no hay, porque si hubiese modificación de la técnica, perderíamos otra vez la dimensión inconsciente, pensaríamos que eso que aparece en la conciencia es la enfermedad, pensaríamos que la enfermedad de la histérica es que no se pueda acostar con su novio, y ésa no es la enfermedad de la histérica, ésa no es la enfermedad de la histérica, o que el vaginismo, o que la impotencia del histérico hombre, que ésa es su enfermedad, que no tenga erección esa es la enfermedad. Ésa no es la enfermedad, ése es el resultado de la enfermedad, la enfermedad está transcurriendo inconscientemente, es decir, según la posición inconsciente del sujeto, tengo tal o cual enfermedad, por eso que no tengo que tratar lo que aparece, creo que además me conviene no atender a eso, porque además la gente que hace clínica hace muchos años, muchas de éstas, ya nos dimos cuenta que la enfermedad se disfraza, que ella viene para hacernos la histérica y resulta que no es una histérica. Y si decimos que es una histérica, porque hace todo como la histérica, dramatiza, teatraliza, está disociada y seduce, pero nos dimos cuenta que eso que son características de la histeria, lo puede hacer cualquier persona, un niño, traemos a un niño lo ponemos acá y hace eso, se disocia, dramatiza y seduce, entonces ella entra así, pero resulta que después al segundo o tercer año de escucharla ella nos descubre su verdadera realidad, no es que quería seducir al padre sino que tenía un problema con el padre, a ver si el padre era o no un padre al cual se podía o no se podía matar, es neurótica obsesiva.

Público: ... establecer un duelo, que a una afligida no se la mandaba al médico, sin embargo si una persona que está en un duelo pide un psicoanálisis y le favorecería un psicoanálisis a ese duelo.

Miguel Oscar Menassa: Si yo estoy haciendo un duelo y creo que un psicoanálisis me haría bien, claro, lo que pasa que, el duelo normal, no quiero engañarles, es muy difícil, porque uno siempre tiene un cierto grado de ambivalencia. Todos, todos, con los seres más queridos, lo piensan, quién no tuvo envidia de un hermano, quién no creyó que el padre era severo o demasiado bueno, quién no pensó que la madre era un poco torpe. Si ahí se muere, justo en ese momento, entonces aparece la ambivalencia. Yo la quería, yo la amaba pero yo la criticaba mucho, bueno entre las mujeres eso, las mujeres critican a la madre, aman a la madre desesperadamente pero critican a la madre permanentemente: no sabe cocinar, no sabe cuidar a los chicos, mira lo que hizo con el dinero, mira lo que hizo con mi papá, yo hubiese hecho con mi papá mejor que ella. Si esa persona se llega a morir en ese momento, la mujer siente que fue responsable en algo, no hace falta sentirse estrictamente responsable, ¿no es cierto?

Público: Más allá de mandar a un psicoanalista a un afligido, también estaría bien mandar a un psicoanalista un afligido.

Miguel Oscar Menassa: No, yo lo que le digo es mire, lamento que usted haya entendido lo que entendió de mis palabras porque resulta que yo termino no recomendando el psicoanálisis, cuando yo estoy diciendo que el psicoanálisis es la única posibilidad de que el mundo entero no caiga en la depresión, yo estoy diciendo eso, por lo tanto recomiendo el psicoanálisis, pero lo que digo es que a nadie se le ocurre, a nadie se le ocurre, y a veces se le ocurre al paciente porque, saben por qué se le ocurre, porque se da cuenta que no es normal lo que le pasa, al paciente mismo que le ha ocurrido la muerte no consulta a ningún médico, llora, pero a los diez días cuando siente que siente el mismo dolor, el mismo dolor que el primer día, ahí ya consulta al médico, ya es patológico, porque diez días ya no es el mismo dolor, no es el mismo dolor, además cuando te dan de festivo, tres días, te dan tres días en el trabajo ¿hay algún trabajador en la sala? Tres días de duelo, entonces si a los diez días todavía siento lo que sentía el primer día, entonces... ya no me puedo adaptar, ya no puedo ir a trabajar cuando tendría que haber empezado a trabajar hace siete días, ya no puedo ir a dar la clase, ya no puedo salir con mi novia, entonces ya está, te consulta, y aunque no sea patológico del todo ya es patológico, porque Freud dice ¿tuvo que enfermar tanto el paciente para darse cuenta que es un estúpido? Freud dice así, porque cuando el melancólico está muy enfermo dice: soy un tarado, no sirvo para nada, ¿pero tuvo que enfermarse para darse cuenta que no sirve para nada? Una persona normal se puede dar cuenta que no sirve para nada sin necesidad de enfermar, porque no servir para nada es todo un aprendizaje, no sirvo para dar clase, dando clase aprendo, si me doy cuenta de que no sirvo puedo aprender, no ven que es una cosa del crecimiento normal darme cuenta que no sirvo; en cambio el melancólico enferma y se da cuenta que no sirve. Eso como la pregunta la hizo usted, que es una psicoanalista entonces, que no tienen que dejar de psicoanalizarse ni siquiera cuando se les muere algún familiar querido.

Público: Diferencia entre salud y enfermedad dice el título de su Ponencia, entonces yo me preguntaba, porque la noción de inconsciente en las Facultades de Medicina o en las Facultades de Psicología no se imparte, entonces los médicos, los psicólogos atienden a la enfermedad ¿son los psicoanalistas los que atienden la salud?

Miguel Oscar Menassa: No, yo diría que con paciencia, con trabajo, con esfuerzo algo conseguiremos, algo se está consiguiendo. No creo que los psicoanalistas atiendan la salud y que los médicos atiendan sólo la enfermedad porque hay voces, hay palabras, bueno hay médicos que se psicoanalizan, hay directores de hospitales que se psicoanalizan, que no es una cosa tan despreciable el psicoanálisis. Los neurólogos recomiendan el psicoanálisis, los cardiólogos recomiendan el psicoanálisis, los ginecólogos se están dando cuenta que el 60 por ciento de las enfermedades de sus pacientes no son enfermedades, no son enfermedades, y el gasto social que esto ocasiona, el gasto social infinito que esto ocasiona, querer curar con medicamentos a una persona que se curaría con otro medicamento, a ver si entienden, producen un gasto en la salud infinito porque el paciente no se cura, un hipocondríaco no se cura en la Seguridad Social, pero no sabes el dinero que gasta, gasta el dinero de 100 pacientes. Fíjate tú el ahorro que significaría que un hipocondríaco entrara en tratamiento psicoanalítico, que un enfermo capacitado para una enfermedad psicosomática entrara en tratamiento psicoanalítico, sería un ahorro impresionante, hasta cirugía se ahorraría, porque el psicosomático en su pretensión de querer convencer al médico de que está enfermo hasta se hace operar, escuchen bien lo que estoy diciendo, se hace mutilar para convencer al médico de que está enfermo, porque los médicos no creen que está enfermo. El problema que tienen los hipocondríacos y los enfermos psicosomáticos es el problema que tendrían las histerias, las histéricas en la época de Charcot, se acuerdan que le apretaban el lóbulo ocular, le apretaban los ovarios le daban inyecciones de leche, le producían dolor porque creían que fingían.

El psicoanálisis qué viene a traer, viene a traer que la histeria es una enfermedad, no es una simulación, la simulación es parte fundamental de la enfermedad. Bueno yo creo que estamos consiguiendo eso en este momento, con la histeria ya se consiguió, hoy día es un asesino el que maltrata a una histérica, pero sin embargo maltratan mucho a los enfermos psicosomáticos... ¿por qué? Porque no le dan el tratamiento adecuado, los tratan de otra enfermedad que ellos no tienen.

Público: Yo no sé si he concluido o he entendido bien cuando hablaba de la melancolía y la formación o que cura el curador, se podría decir que lo que cura es la posición del analista en la cadena de transmisión.

Miguel Oscar Menassa: Sí, la cura es una cosa muy complicada, el Chamán cura... es decir, la eficacia simbólica no tiene que ver con ningún símbolo, con ningún estudio médico, la eficacia simbólica que cura tiene que ver con el cuerpo, entonces tiene que ver con la presencia, yo por ejemplo ayer en la radio discutí acerca del porcentaje de curación de la melancolía, y después me fui descontento porque no dije que era conmigo que se curaban el 95 por ciento de los deprimidos, que yo no sé si el psicoanálisis cura el 95 por ciento de los deprimidos, yo sé que he curado el 95 por ciento de los pacientes melancólicos que tenía en tratamiento. El problema de la cura es muy subjetivo, el problema de la cura no tiene que ver con ninguna teoría... una novia te cura, pero no te cambia de personalidad, no te cambia de posición del inconsciente por lo tanto te cura y te enferma, como antes me preguntó otra psicoanalista: ¿te cura el amor y te enferma el amor? No estás en análisis, cualquier cosa te cura y cualquier cosa te enferma. Te regalo dinero, te hace bien, te regalo dinero la semana siguiente y haces una depresión, una persona normal no, hace la depresión cuando no le doy dinero, no cuando le doy dinero.

Público: Porque se trata no de que cure el curador sino que había puesto la cura en relación al curador, o sea ¿la cura tiene que ver con la transferencia?

Miguel Oscar Menassa: La cura tiene que ver con lo que el psicoanalista es, un psicoanalista cura más por lo que es que por lo que dice, es la discusión de todo el Congreso, qué es un psicoanalista, ¿qué es? Es su formación, es su disciplina en el psicoanálisis, son sus estudios, son los trabajos que presenta, es la aceptación comunitaria que tenga, un psicoanalista que no es aceptado por su comunidad, no puede curar, es muy sencillo, lo que pasa es que nadie lo quiere aceptar pero es muy sencillo, cura aquel que está inscripto como curado. Cómo va a venir un paciente que el pobrecito tiene problemas con la familia, con la ley, como va a venir si yo tengo problemas con mi comunidad psicoanalítica, cómo le voy a curar, no le puedo curar, porque no es que yo ame a mi mamá, no, eso no tiene nada que ver. Ahora tengo que amar a aquello que me produce como nuevo ser, como psicoanalista, esa no es mi mamá, no es mi papá, esos son frases, son esquemas teóricos, son producciones teóricas, son personas unidas a través de pactos teóricos, ideológicos, filosóficos.

Eso es lo que me produce como nuevo ser. Cómo va a venir un paciente a curarse conmigo si yo no estoy curado de eso, imposible, no es como en la medicina que un tuberculoso no toma la medicación antituberculosa y hace una ley donde los tuberculosos tienen que ir presos. Pasó eso en Inglaterra, los tuberculosos que no usaban la medicación antituberculosa, la policía iba a la casa a buscarlos. El que puso esa ley era tuberculoso y no tomaba la medicación, bueno un psicoanalista no puede hacer eso, un psicoanalista no puede aplicar lo que no se aplica, no puede, está dentro del método, está dentro del método dice Freud, no puedo liberar su pensamiento si mi pensamiento no ha sido liberado de alguna manera. No es sencillo, lo que pasa es que no es tan sencillo porque la gente tiene incapacidad de amar, porque la gente está deprimida, entonces, si tengo incapacidad de amar a la persona que me hace el bien cómo voy a amar una teoría, cómo voy a amar un ideal, cómo voy a amar, cómo voy a hacerle bien a la humanidad, cómo voy a amar, defender el derecho de los adolescentes y el derecho de los jóvenes a vivir, a expresarse y a ser libres y a ser grandes y a ser ricos, cómo voy a defender todo eso si no lo tengo para mí. Ven que no se puede, no se puede, vaya a saber si por este motivo no fracasó el marxismo, perdóneme, vaya a saber si por este mismo motivo donde aquellos que aplicaban las disciplinas a la realidad, no habían transformado su personalidad, según indicaba aquello que aplicaban,... querían aplicar la libertad por métodos dictatoriales, a ver si pueden entender, es imposible, qué libertad vamos a imponer si lo hacemos de una manera dictatorial, imposible, cómo vamos a creer que va a venir el bien después de una guerra, ven que es imposible, cómo vamos a creer, cómo vamos a creer que una guerra, la matanza indiscriminada de personas puede traer algún bien, no lo podemos creer.

Público: En el caso de la pérdida del objeto amoroso, la identificación es general para todo el mundo, es lo que...

Miguel Oscar Menassa: No, en usted es más fuerte.

Público: Cómo inició la enfermedad o no sé, otra manera de... la pérdida.

Miguel Oscar Menassa: No, si hay enfermedad hay identificación, pero dijimos que hay una manera normal de resolver la pérdida que es sustituyendo el objeto amoroso,... ni usted ni nadie, todo el mundo quiere conservar lo que perdió, ¿cuántas personas usted conoce que fuman? ahora no voy a hablar mal de los fumadores, no quiero hablar mal de nadie pero todas esas personas... están todo el día chupando la teta, no pueden perder la relación primitiva con la madre, han aumentado el número de infartos, han aumentando el número de cánceres, han aumentado el número de no sé cuantas porquerías y no pueden abandonar la teta materna, millones y millones de personas. Ahora es imposible detener... el tabaco, el porro y todas estas cosas, es absolutamente imposible detenerlas porque hay millones de persona que viven de eso, hay millones de personas que viven de la incapacidad del ser humano de abandonar la teta de la madre ¿entendió? El sujeto no abandona aquello que consiguió, solamente mediante un trabajo, mediante un esfuerzo, puedo alejar, como la señora de ayer que consulta... "pero yo me quedé vacía, el mundo se quedó vacío, mis hijos se fueron, no hicieron la vida que yo quería para ellos, entonces estoy deprimida", y dije "no, pero usted no está deprimida porque sus hijos se fueron, usted está deprimida porque al irse sus hijos se dio cuenta de que no tenía vida para usted, que usted no tiene ninguna vida, que la vida suya era querer doblegar a sus hijos a que hicieran una vida determinada, como sus hijos hicieron lo que se les cantó, usted se quedó sin vida, por eso está así". Me lo agradeció la señora, claro porque realmente era lo que le pasaba, no era que se había vaciado el nido, ella estaba vacía de amor, no tenía vida, su único amor era doblegar a sus hijos a que hicieran el camino que ella había pensado para sus hijos, eso nos pasa a todos, a mí también.

Público: Retomando lo de candidato a psicoanalista ese poder amar lo que nos produce como candidatos es como, se me ocurre debe de tener que ver con la ética del psicoanálisis en cuanto al psicoanalista, en el sentido de la vida del psicoanalista, en el sentido de que si la salud está en la posibilidad de sustituir...

Miguel Oscar Menassa: Una sola frase mire, usted tiene que cambiar, nosotros tenemos que cambiar, el psicoanálisis me ha hecho bien por la sencilla frase de «el psicoanálisis hace bien» porque cuando yo digo «el psicoanálisis me hace bien», me hizo bien porque soy inteligente, bello y alto, ven que soy un racista, en cambio la frase que tengo que decir, «el psicoanálisis hace bien» y como el psicoanálisis hace bien se lo voy a recomendar al señor, al señor, a la señorita, al señor, al tuberculoso, al deprimido, al fóbico porque el psicoanálisis hace bien. No que me hizo bien a mí, no. El psicoanálisis, porque hace bien, también me hizo bien a mí. Ven que siempre es un complejo narcisístico el que se opone a la verdad, a la realidad.

Público: Y eso lo que exigiría o convendría en el presente cuando decimos psicoanálisis permanente para el psicoanalista, digamos que eso es lo que lo justifica o que lo exige, esa necesidad de la reapertura al mundo, a la realidad.

Miguel Oscar Menassa: Sí, lo que pasa es que sin un trabajo fuerte sobre cada uno de nosotros, nos olvidamos de la existencia del inconsciente. Por ejemplo el Harrison, que es el libro que utilizan todos los médicos del mundo, porque yo lo conozco de un país, la doctora ha hecho la universidad aquí, lo conoce de este país, todos los médicos del mundo utilizan el Harrison. Harrison dice que el corazón no existe como órgano, es una caja de resonancia, ningún médico leyó eso, caja de resonancia, es decir en el corazón dice pasan todas las cosas que le pasan al sujeto con la realidad. Harrison, un médico clínico, dice caja de resonancia y eso nadie lo leyó, nadie, es decir, en los libros de medicina hay un 30 por ciento de enfermedades de causa desconocida, etiopatogenia, es decir, el modo de producirse la enfermedad es desconocido, son enfermedades psíquicas, nadie lo lee, nadie lo leyó, no es que tengo que traer un libro de psicoanálisis, en los libros de medicina está escrito.

El hombre no está todavía capacitado para escuchar que sus procesos inconscientes le producen enfermedad e incapacitación, mutilación y muerte. No estamos en condiciones de comprenderlo, entonces ahí es donde decimos que la ciencia del psicoanálisis es joven, joven en el sentido de que el universo de las personas que nos tenemos que encontrar con el psicoanálisis, no estamos en condiciones de comprender la dimensión de lo que nos dicen porque no es una frase la que usted ha puesto o sus compañeros han puesto en la carta que yo también he recibido, no son meras frases, es verdad, los accidentes de trabajo se deben a la depresión. Ayer escuché por la radio, por la televisión que los obreros de la construcción, el 70 por ciento de los accidentes laborales en la construcción son en trabajadores temporarios. A ver si pueden entender esto, una diferencia abismal entre un trabajador que ya está deprimido porque sabe que su trabajo va a terminar el mes que viene, dentro de dos meses, dentro de tres meses, ahí es donde se produce el 70 por ciento de los accidentes laborales. Yo lo escuché por la televisión al pasar, no va a hablar para mí la televisión o a ver si voy a creer que la televisión habla para mí, o va a hablar para mí. Habla para todo el mundo y nadie lo escucha, es verdad como usted dice, que el fracaso escolar, el fracaso escolar, cómo va a tener que ver con que el chico se volvió tonto. No, el chico está deprimido porque pierde los ideales, el chico va a encontrar un profesor y se encuentra con otra cosa. Qué quieren, que no se deprima, se deprime. Entonces, el fracaso escolar es por la depresión, no que el fracaso escolar trae la depresión, como andan los psicólogos hablando tonterías por ahí. No, la depresión hace que el chico fracase en el colegio. Los divorcios, los divorcios, no digo que el 100 por 100, bueno pero el 30 por 100 ya es suficiente, de cada 10 personas 3 personas se separan porque están deprimidas, no porque tienen motivos para separarse, no tienen motivos para separarse.

Y lo del infarto no es ninguna broma, por ejemplo fíjense, ¿usted no es doctora recibida en la Facultad de Medicina?, bueno ella cree absolutamente que los infartos antes de los 45 años son de causas psíquicas, lo cree firmemente, entonces quiere decir que no son palabras esas que pusimos en la carta, que son verdades que no nos podemos creer, no nos podemos creer porque aunque haya en este momento algún, alguien con capacidad institucional como para imponer esto que estamos diciendo, no lo hace, no lo cree. Si a veces no lo creo ni yo, si a veces ustedes me hacen dudar de la existencia del inconsciente, entonces, cuando yo pienso que les tiene que dar alegría estudiar y curar a la gente y a ustedes no les da alegría eso, yo digo, me habré equivocado, no existe el inconsciente.

Público: Sí pensando en la intervención de la... para la creencia de la existencia de los procesos inconscientes, me acordé que hace un par de años en el Congreso duodécimo de psiquiatría mundial que se hizo en Madrid, uno de los avances generales de esta disciplina que ellos planteaban como una de las síntesis de esa reunión que los métodos, las técnicas terapéuticas eran diferentes para cada enfermedad que ellos reconocían... no sé si es justamente por la contraposición absoluta, por lo que se dijo.

Miguel Oscar Menassa: Ese pensamiento en medicina, por favor, atención los médicos de la sala, ese pensamiento en medicina produce que haya enfermos. Ese pensamiento de creer que cada enfermedad se trata con un método terapéutico diferente, a veces lleva a ciertos médicos a no hacer los exámenes indicados por creer que hay enfermedades que necesitan radiografías, que hay enfermedades que no necesitan radiografías, que hay enfermedades que se necesita saber cuánto potasio hay en sangre, que hay enfermedades que no necesitan saber cuánto potasio hay en sangre. Cuánto potasio hay en sangre se necesita saber siempre, eso hace al método terapéutico, entonces no se puede pensar que cada enfermedad se tiene que tratar de diferente manera. Si cada enfermedad se trata de diferente manera, estaríamos librados, como está librado, a los delirios de cada médico que se levanta a la mañana y se pelea con su mujer o con su hombre o con su abuela, la conducción de un tratamiento médico, no. Las leyes generales del método psicoanalítico tienen que estar presentes en todos los tratamientos psicoanalíticos, se trate de quien se trate y se trate de la enfermedad que se trate, pero en medicina también.

Público:... es importante también que...

Miguel Oscar Menassa: Eso lo tendrá que imponer usted... creo que los educadores también pero, por ahora vamos a tratar que los psicoanalistas se psicoanalicen.

Público: Una preguntita, es verdad que Freud dice que toda queja es una querella, él mismo, la palabra alemana es la misma... es... toda queja es querella, ahora me interesó mucho esto porque yo había pensado precisamente en Las 2001 Noches, ayer en la cadena de sustitución desde ahí es una obra...voy andando despacito hacia donde voy y me interesaba esto de la cadena de sustitución porque me parece que ahí está la producción del saber y la garantía de la formación, no me cabe ninguna duda, también he pensado esto de la lábil frontera entre la salud y la enfermedad, y esto ¿a qué apuntaba? porque la lábil frontera que hay entre la salud y la enfermedad, me hizo pensar en la lábil frontera que hay entre lo que podríamos llamar un espacio de reclusión y el espacio extremo o en la vieja terminología espacio privado y público, porque Freud dice, bueno, la cesación del principio de realidad parecería que hay una aumento de un principio perverso de realidad, me aumentó el principio de realidad, pero sólo de realidad virtual para ese tipo recluido, la realidad está virtual, tiene más realidad virtual y ha escamoteado la otra y digo esto que nos había interesado... ahí parecería que el sistema produce patología.

Miguel Osear Menassa: Yo diría peor, el sistema se aprovecha en condicionamientos normales, porque qué religión habría sin el sentimiento de culpa inconsciente, sería imposible la religión, lo que pasa es que el sujeto tiene sentimientos de culpa inconscientes, es imposible no tener, yo creo que es así, yo creo que la realidad virtual me convence, donde yo ya estoy totalmente convencido acerca de que lo que yo pienso es la verdad, con respecto a lo que el mundo piensa, por lo tanto cuando yo estoy en la realidad virtual, esa realidad virtual es la que me produjo, entonces si es la que me produjo, soy un solitario, es decir, no sé exactamente si soy un depresivo o soy alguien que todavía no ingresó en el proceso de identificación primordial, en tanto no soy un ser humano que proviene de seres humanos sino que soy un ser, no se sabe si humano o no, que proviene de la realidad virtual que yo mismo genero. Ves, soy un hermafrodita, me autoprocreo, es decir, cuando yo digo que psicoanalizarse es luchar contra el Estado, no digo ninguna tontería. Lo que pasa es que como lo digo y me río, ustedes creen que es un chiste, pero psicoanalizarse es luchar contra el Estado, porque psicoanalizándome impido que el Estado utilice mis estupideces para dominarme, el Estado utiliza las estupideces de la gente para dominarla, si hasta nos han convencido, el Estado es el que te convence, que no pagar los impuestos es mejor que pagar los impuestos, cuando sólo soy un ciudadano si los pagué. El Estado te convence de que no seas un ciudadano ¿por qué? Porque los ciudadanos son los que le hinchan las pelotas al Estado, entonces el Estado mismo te enseña a no pagar impuestos, es decir te enseña a que eres inteligente si no pagas los impuestos, ¿para qué? para no tenerte en cuenta como ciudadano. No te quiero enseñar bajo ningún concepto que sólo el que paga es el que puede producir conocimiento, no te lo pueden enseñar, te lo enseñan al revés, ¿por qué?, porque al Estado no le interesa que el sujeto produzca conocimiento.

Público: Entonces un criterio de salud y ético es la resistencia al Estado.

Miguel Oscar Menassa: La resistencia a la hegemonía es un criterio de salud porque la resistencia a la hegemonía es lo que dice que yo soy capaz de sustituir y eso es la salud. La salud es el engrandecimiento y la liberación de mi capacidad de sustituir.

Público: Y respecto al desafío que me tiraste, tienes razón, el conductismo político ha fracasado, el marxismo no.

Miguel Oscar Menassa: El conductismo político ha fracasado,

el marxismo hay que estudiarlo, hay que pensarlo, el año que viene vamos a empezar un curso.

Público: Me parece que no entendí. Parece claro que en toda melancolía se da la ambivalencia... en la base...

Miguel Oscar Menassa: Sí, pero no está el pensamiento, Freud lo explica como ambivalencia común, normal, yo te amo y te odio, pero no soy responsable de ese amor y de ese odio, y además ese amarte y odiarte no es responsable del bienestar ni es responsable del malestar, en cambio el odio del melancólico te ha hecho daño, la diferencia es abismal... en un amor común, en un amor común, cuando uno es normal tiene que ir por la vida pensando algo que ustedes no pueden pensar del todo que es: «no hay acto humano que genere ningún acto humano», porque parecería ser que el que yo les explique hace que ustedes entiendan y no es así, yo explico y de ustedes depende entender o no entender, no es que de mí dependa, no es que de mi explicación dependa que ustedes entiendan, no es que de mi amor ha de depender lo que ustedes me aman. Lo que ustedes me aman depende de vuestra madre, no de mi gran amor, porque si dependiera de mi gran amor no estaríamos discutiendo lo que discutimos, todos harían lo que yo hago con mi gran amor, pienso que el psicoanálisis también les haría bien a ustedes. Pero eso es normal, para poder pensar así tengo que ser muy normal, como todos somos un poco anormales vamos por la vida pensando que porque la quise se mató, porque la odié abandonó la disciplina, porque la mandé a estudiar más que al compañero no estudió nada. No, nada que ver, ni los honorarios que cobro tienen que ver conmigo, hay pacientes que quieren psicoanalizarse con un psicoanalista caro porque eso les hace bien y hay pacientes que quieren psicoanalizarse con un mercenario estúpido y poco inteligente, pues yo me tengo que someter a ser estúpido y poco inteligente para ese paciente que sólo se puede psicoanalizar con un psicoanalista estúpido y poco inteligente, gordo, feo y sin dinero, ¿entienden?

No hay nada en mí que pueda provocar nada en ustedes, si ustedes no están absolutamente convencidos de que lo tienen que hacer, por eso que cuando yo le pido algo al paciente, lo que le pido es que acepte el tratamiento, es decir que acepte el inconsciente, por eso que Lacan, que no es ningún estúpido, decía sólo someto a tratamiento psicoanalítico a aquellas personas que vienen a demostrar la existencia del inconsciente, no me pidan hora cuando tengan ganas de demostrar otra cosa. Porque la gente pide hora, ayer me pidieron una hora en público para demostrar que ella tenía razón, no se le puede pedir una hora a un psicoanalista para demostrar al psicoanalista que tengo razón, cuando pido una hora, tengo que pedir una hora porque estoy dispuesto a edificar toda mi vida en una creencia de la existencia material del inconsciente, entonces voy y pido una hora de análisis. Parecería que tengo muchas horas libres con esta última frase, pero se entendió, ojalá que lo hayan entendido bien todos, para que después lo utilicen. Para mí fue dura esta Conferencia, porque yo, entre el lucimiento personal y la presencia del discurso freudiano guiándonos, sobre todo para mí que podría tener bastantes ilusiones y con bastante fundamento, de poder elaborar una teoría psicológica que me desligue de la omnipresencia de Freud, sin embargo, reconocer que él ha dicho mejor que yo es lo que me salva, es decir que esa creencia que tienen de que lo hacen mejor que nadie, es una mala creencia, es una mala creencia, algunos de ustedes los he visto, son incapaces de someterse y perder absolutamente vuestra libertad a pensar de esta manera que dice Freud, bueno tampoco lo tienen que resolver ahora.

Esta obra se terminó de realizar
en Pinares Impresores, S.L.
en Abril de 2013.

EDITORIAL GRUPO CERO
C/ Duque de Osuna, 4 local - 28015 Madrid, España - Teléfono 917 581 940
Carlos Pellegrini 833, 4° «C», 1er Cuerpo - 1009 Buenos Aires, Argentina.
Teléfono 4322 6400
www.editorialgrupocero.com